Christians Kombüse
Einladung zum
Geschmack
Christian Schulz

Vorwort

Für mich gibt es kaum etwas Schöneres, als nach einem leckeren Frühstück über den heimischen Wochenmarkt
zu schlendern, um die regionalen Angebote zu erschnuppern. Oft entscheide ich erst dort, was ich drei Stunden
später zubereiten werde.

Freunde haben mich schon oft gefragt, warum ich kein Koch geworden bin. Das ist ganz einfach erklärt. Ich
hätte sehr wahrscheinlich nicht die große Freude am Schnippeln und Abschmecken wenn ich es täglich machen
<u>müsste</u>.

Meine guten Messer, ein erstes Gläschen Rotwein und leichte Mucke von Udo Lindenberg reichen dann in der
Regel aus, um mich für die nächsten Stunden in die Küche zu verkriechen und etwas Leckeres zu zaubern.

Über 10 Jahre lang habe ich meine eigenen Ideen, die erschmeckten, die erzählten und notierten aus vielen
Restaurants aufgeschrieben. Mein erstes und auch das jetzige Buch könnten zum Nachkochen anregen; sollten
es auch. Hier stecke mein ganzer „Geschmack" drin.

Ganz nach meinem Motto „Einen guten Geschmack genießt man zu zweit" wünsche ich Freude beim
Schmökern von „Christians Kombüse – Einladung zum Geschmack".

Such Deinen Geschmack

und lass ihn nicht

mehr los

Buch II

Christian Schulz

Impressum

© 2020 Christian Schulz
Hamburg
easysale@web.de
Cover Gestaltung: Christian Schulz
Kindle B08HX8BSK7
ISBN: 979-8682707294
Printed in Germany

Inhaltsverzeichnis

Kleinigkeiten – Zum Snacken

Ei zu Gel wandeln   Mein Buch-Tipp
** > 5 €

Ei ist in der gehobenen Küche lediglich ein Baustoff. Nur beim Frühstück spielt das Ei die erste Geige.

In Hamburg-Altona habe ich ein kleines Restaurant durch Zufall beim Stöbern entdeckt, das mich so richtig „umgehauen" hat.

Ich hatte etwas Gelbliches in Bröseln, ähnlich wie Parmesan geraspelt, auf dem Salatteller was ich absolut nicht identifizieren konnte. Also ab zum Küchenchef.

Hier mein Knaller-Rezept vom „Gebeiztem Ei"

Fachwissen: Durch das Beizen findet in jedem Fall eine Geschmacksübertragung statt. Die gebeizten Lebensmittel werden, meist durch das Salz- Zucker-Gemisch, außerdem degeneriert, respektive einem Gar-Prozess unterzogen. So auch beim gebeizten Eigelb.

4-5 Eier

150 g Krümelsalz

100 g Zucker

1 Bio-Zitrone

Kräuter wie Rosmarin, Thymian

Die Schale der Zitrone waschen und fein reiben. Nicht bis zum weißen der Zitrone bitte.

Das Eigelb vom Eiweiß sauber trennen. Aus den anderen Zutaten die Beizmischung herstellen. Die Hälfte davon auf einen Teller verteilen und die Eigelbe mit Abstand zueinander verteilen.

Vorsichtig die andere Hälfte verteilen. Den Teller vier Tage unberührt im Kühlschrank beizen lassen.

Ich habe dabei keine Bedenken was eine Frage in Richtung Salmonellen angeht.

Nach der Ruhezeit sind die Eigelbe richtig fest. Das restliche Salz abwischen und die Klumpen bis zum Gebrauch einfrieren.

Stellen Sie sich einfach einen Sommersalat mit gelben Raspeln als Topping vor.

Bretzel-Croutons

* > 10 €

Im September 2020 habe ich eine Kurzreise nach München unternommen. Ziel war es natürlich auch, mal wieder Anregungen für die Kombüse II zu erhalten. Siehe da, es hat geklappt.

* > 10 €

2 Bretzeln

Butter

Krümelsalz

Einen frischen Salat

Die Bretzeln frisch kaufen und <u>sofort</u> in kleine Crouton-Stücke schneiden. Zunächst 24 Stunden so stehen und hart werden lassen. Würden die „Bretn" (In München so nüchtern ausgesprochen) im harten Zustand geschnitten werden, könnte sofort der Staubsauger geholt werden.

Reichlich Butter in einer Pfanne schmelzen lassen. Die Bretzelstücke darin einige Minuten schwenken. Die Butter sollte aufgesogen sein. Ggf. noch weitere Butterflocken hinzufügen.

Heraus nehmen und leicht warm über den frischen Salat streuen.

Soweit das Rezept aus München.

Meine Variante: Die fertigen Stücke mit gutem Honig und etwas Chiliflocken weiterhin in der gleichen Pfanne glasieren. Hier sollte man aufpassen, dass die Stücke nicht zusammenkleben.

Anschließend herausnehmen und abkühlen lassen.

Die Stücke in einen Klarsichtbeutel füllen und mit einem Hammer oder dem Messerrücken zerkleinern.

Ebenfalls mit einem Salat reichen. Man sieht sie weniger, trotzdem ist der Geschmack vorhanden.

 facebook.com/buch.kombuese

 @twitter.com/Buchkombuese

 easysale@web.de

„To'n Middageten gifft 't freedags alltied Appelpannkoken."

Ich bin fest überzeugt, in Deutschland wird zu wenig gewürzt. Hier meine wichtigsten Flüssiggewürze.

Eine Würzrevolution verspricht der Hersteller. Da kommt bei mir doch gleich eine gewisse Skepsis auf.

Dieses völlig neuartige Würzmittel hat mich sofort absolut überzeugt.

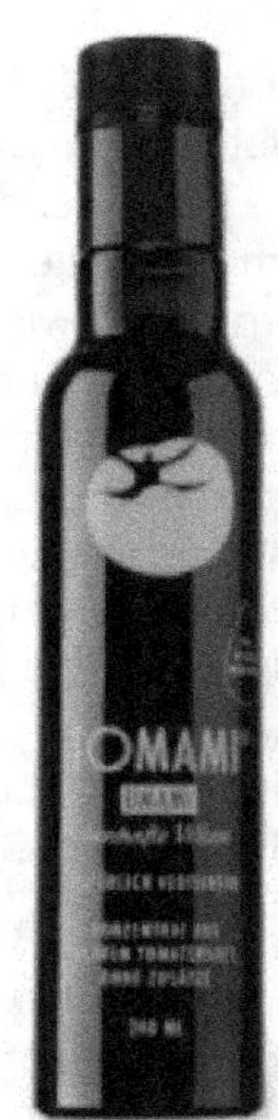

Nur aus vollreifen Tomaten hergestellt, ist „Tomami" entwickelt worden, um den Eigengeschmack von Speisen hervorzuheben. Denn die Tomate bringt die so wichtige Geschmackskomponenten "Umami" und "Kokumi" von Natur aus mit. So vermittelt sich mehr geschmackliche Tiefe, Mundfülle und Geschmacksdichte.

Tomami-Tomate verleiht eine fruchtige Tomatennote mit typischer Säure und herzhaftem Grundkörper – die ideale Ergänzung u. a. in der mediterranen Küche, beispielsweise in Pastasoßen, Ratatouilles, Lasagne, Ragouts und Schmorgerichten.

Im Fachhandel und Amazon für ca. 16,00 Euro zu erhalten.

Mein Favorit!

Sojasauce ist eine asiatische Würzsoße, die aus Wasser, Sojabohnen, Salz und – regional begrenzt – aus Getreide hergestellt wird, die sich zum Würzen und Verfeinern von Speisen eignet. Sie kann gern als Salzersatz benutzt werden.

Von allen Sojasaucen, die es auf dem Markt gibt, sind im deutschsprachigen Raum die japanischen und chinesischen Sojasaucen am bekanntesten. Bei den chinesischen Produkten wird im Allgemeinen zwischen den hellen und dunklen Varianten unterschieden. Bei traditionell fermentierten – „gebrauten" – Sojasaucen benötigen Mikroorganismen Wochen oder Monate für die Fermentation. Die Qualität von Sojasauce wird in einem sensorischen Test beurteilt, der sich in Japan „Kikimi" nennt. Für die Verkostung sind vier Kriterien wichtig: Farbe, Konsistenz, Geruch und Geschmack. Im Rahmen des japanischen „Kikimi" werden diese Kriterien.

Bitte orientieren Sie sich beim Kauf an meinen Bildern.

Fischsauce ist ein fester Bestandteil der thailändischen und vietnamesischen Küche, wenn es ums würzen geht und sollte in jedem asiatischen Haushalt zu finden sein.

Die Soße bietet <u>keinen</u> unangenehmen Fischgeruch. In den Sterne-Restaurants gilt die Meinung, dass die Fischsauce jedes Gericht richtig hebt.

Bitte orientieren Sie sich beim Kauf an meinen Bildern.

Im Asia-Laden für ca. 3 € erhältlich.

Ketjap Manis, auch als Kecap Manis oder süße Sojasauce bezeichnet, ist die populärste Würzsoße in Indonesien. Wörtlich übersetzt heißt Ketjap Manis „süße Sauce". Sie ist süßer als herkömmliche Sojasauce und hat eine sirupartige Konsistenz. Sie besteht aus …

1 Stück Bio-Ingwer

1/2 TL Korianderkörner

10 ml dunkle Sojasauce

80 g brauner Zucker

1/2 Sternanis

2 Nelken

1 Stück Zimt -Rinde

Bitte orientieren Sie sich beim Kauf an meinen Bildern.

Austernsauce ist eine dunkelbraune, dickflüssige Würzsoße der asiatischen Küche. Ursprünglich aus in
Salzwasser fermentierten Austern hergestellt, besteht sie heute meist aus einer Mischung von Austernextrakt und Sojasauce, die vorher mit Salz, Knoblauch und Zwiebeln eingekocht wurde.

Sie wird mit Maismehl angedickt und mit dem Farbstoff E 150 a (Zuckercouleur) gefärbt.

Austernsauce zeichnet sich durch ein strenges, salziges, leicht fischiges Aroma aus. Sie dient vor allem in der chinesischen Küche – häufig mit Sojasauce vermischt – als Allzweckwürze. Man verwendet sie zum Marinieren, Abschmecken und zum Nachwürzen bei Tisch.

Bitte orientieren Sie sich beim Kauf an meinen Bildern.

Das Originalprodukt aus England besteht aus Essig, Melasse, Zucker, Salz, Sardellen, Tamarinden-Extrakt, Zwiebeln, Knoblauch, verschiedenen Gewürzen sowie natürlichen Aromen und reift über mehrere Jahre in geschlossenen Behältern.

Sie ist übrigens aus Versehen im 2. Weltkrieg entstanden.

Doch die Soße wird nicht nach den Regeln der englischen Aussprache gesprochen. Denn die Soße wird "Wuustersauce" genannt.

Granatapfel-Tipp

Granatapfelkerne und -Saft liefern wichtige Vitamine und Mineralstoffe und enthalten sogenannte Flavonoide, die als Antioxidantien zellverjüngend wirken. Sie stärken das Immunsystem. Studienergebnisse legen nahe, dass das Superfood „Granatapfelsaft" ähnlich **gesund sein könnte wie beispielsweise Rotwein**.

Soweit dazu. Ich freue mich, dass ich weiterhin Rotwein genießen darf.

Haben Sie schon einen Granatapfel aufgeschnitten um an die leckeren Kerne heranzukommen? Danach war sicherlich ein neuer Anstrich der Küche notwendig.

Hier habe ich einen genialen Trick:

Halbieren Sie mit einem scharfen Messer die Frucht da, wo sie sich außen wölbt. Das sind die inneren Trennwände.

Eine Schüssel mit reichlich Wasser vor sich hinstellen. Die eine Hälfte des Apfels mit beiden Händen hineinlegen und <u>unter</u> Wasser mit einem TL die Kerne heraustrennen bzw. scharben. Dadurch, dass alles unter Wasser passiert, können Sie Ihre Küche weiterhin benutzen und den leckeren Geschmack der Kerne genießen.

Queller, pickelt

Sie fragen sich zu recht was „Queller" ist.

Ich habe ihn zum ersten Mal in Frankreich in der Normandie gegessen. Hier nennt man ihn Passe-Pierre. War sofort begeistert, hatte jedoch zurück in Deutschland 20 Jahre nicht die Möglichkeit ihn zu erwerben. Ja die Franzosen halt!

Hier findet man Queller in gut geführten Supermärkten an der Fischteke. Den Weg zum Gemüse muss der Meeresspargel, wie er auch genannt wird, noch finden. Arbeiten wir doch gemeinsam daran.

* < 10 €

120 g frischen Queller

2 Knoblauchzehen

3 Lorbeerblätter

320 ml Apfelessig

1-2 EL brauner Zucker

12 schwarze Pfefferkörner (Meine Mischung Buch I)

1 Sternanis

3 Pimente

1 TL Koriandersamen

Queller putzen und in nicht zu kleine Stücke rupfen. Ein Bügelglas mit ganz heißem Wasser übergießen damit es steril ist. Den Queller in das Glas schichten, bitte nicht zu fest. Immer mal zwischendurch Knoblauch und Lorbeer dazugeben.

Alle anderen Zutaten erhitzen und ca. 5 Minuten, zur Seite ziehen und weitere 5 Minuten ziehen lassen. Anschließend das Bügelglas damit füllen. Der gepickelte Queller hält sich 6 Monate im Kühlschrank.

„Ik was güstern weer auf'm Kiez."

Helle Einbrenne (Vergessener Tipp)

Ich möchte behaupten, dass die klassische „Helle Einbrenne" in den meisten
Haushalten nicht mehr bekannt ist. Die Generation Oma stirbt leider so langsam aus.
Umso wichtiger ist es, hier den genialen Küchentipp mitzuteilen.

** > 5 €

80 g Mehl

125 g Butter

Brühe

Ziel mit einer *Hellen-Einbrenne* ist es, mit Hilfe des Klebers vom Mehl eine
Flüssigkeit zu dicken um sie später als Soße zu gebrauchen.

Butter mit recht viel Hitze schaumig auflösen. In der rechten Hand einen Rührer und
zur linken das Mehl.

Nur das Mehl direkt in die schäumende Butter geben und sofort bei gleicher Hitze
alles kräftig rühren. Die Butter greift sich das Mehl und wird recht schnell zunächst
viel Klumpen, danach zu einer homogenen Masse. Sie wird dunkel.

Von diesem Moment kommt das Wort „Einbrenne".

In diesem Moment nach und nach (kleine Schöpfkelle) die Brühe hinzugeben.
Weiterhin kräftig rühren.

Die Klumpen werden flüssiger. Vorsicht, die Masse neigt zu Spritzern die recht heiß
sein können.

Es dauert ein wenig bis die Flüssigkeit vollständig aufgebraucht wird. Wichtig ist, die
Menge der Brühe ist nicht unbedingt die Menge an Soße. Ist die Helle-Einbrenne
einmal hergestellt, kann sie etwas angepasst werden.

Sobald die Flüssigkeit im Topf ist, einmalig größte Hitze herstellen. Die Flüssigkeit
dickt final an, wirft gern Blasen und ist fertig.

Passend z. B. zu Königsberger-Klopsen und vielen Soßen sowie Suppen.

BitterLiebe

Wer meine Rezepte in Christians Kombüse „Gemütlich & genießen" und „Einladung
zum Geschmack" kennt, weiß, dass ich immer auf der Suche nach tollen
Geschmäckern bin.

Nicht in Restaurant und nicht auf der Straße habe ich „BitterLiebe" entdeckt. Seit 2019
steht das Püllecken immer am Schneidebrett in meiner Geschmacks-Werkstadt.

Was ist „BitterLiebe" eigentlich. Ich finde die Erfinder und Hersteller des Mittelchens haben es auf ihrer Webseite www.bitterliebe.com recht gut getroffen. Mit ihrem Einverständnis zitiere ich mal ein wenig:

„Wir kennen heute hauptsächlich noch die Geschmacksrichtungen süß, salzig, sauer und umami (fleischig). Dies liegt auch an dem Einsatz der vielen Geschmacksverstärker, welche heutzutage in sehr vielen Lebensmittel zu finden sind. Die erste Reaktion bei der Einnahme von Bitterstoffen ist Ablehnung.

Bitterstoffe sind durch die industrielle Herstellung von Nahrungsmitteln weitgehend aus unserer Ernährung verschwunden. Aus Geschmackgründen wurden die Bitterstoffe aus vielen bitter-schmeckende Nahrungsmittel, wie z.B. Rucola, Chicorée, Radicchio, und viele weitere heraus gezüchtet. All diese Bitterstoff-reichhaltigen Nahrungsmittel schmecken heute längst nicht mehr so bitter wie früher.

Je bitterer der Geschmack für Dich, desto mehr zeigt Dir Dein Körper, wie bitter nötig Du die Einnahme von Bitterstoffen hast."

Hat das überzeugt? Dann möchte ich nachstehend mal ein ganz leichtes Rezept, natürlich mit „BitterLiebe", vorstellen.

Eine Wassermelone von Schale befreien und das Fruchtfleisch in Stücke schneiden. Alle Stücke in den Mixer geben. So wie die Jahreszeit es uns vorgibt einfach mal auf dem Wochenmarkt gehen um zu sehen, welche Frucht heute gekauft wird. In diesem Fall habe ich 200 g Himbeeren gewählt.

Einen kleinen Kick gebe ich mit zwei Zweigen frischer Minze hinzu.

15 Tropfen „BitterLiebe".

Alles kühl stellen.

Nur noch genießen.

Die Macher von „BitterLiebe"
versprechen auf der Webseite,
dass der ursprüngliche
Geschmack nach ein paar
Wochen zurück kommt.

Ich für mich kann sagen, dass ich
viel mehr Geschmäcker empfinde
als vor der Liebesbeziehung.

Tipp: Treten Sie in den Bitter-
Club ein. Sie erhalten
Preisnachlässe.

Mayonnaise, selbst gezogen

Wenn ich schon mal Mayonnaise fertig im Glas gekauft habe, dann blieb eigentlich immer etwas übrig. Dann im Kühlschrank vergessen; somit Geld umsonst ausgegeben.

Ich möchte hier mal auflisten was ich in fertiger Mayonnaise so alles finde: 82 % Sonnenblumenöl, 8 % Eigelb, Branntweinessig, Senfkörner, Gewürze, Koriander, Paprika, Piment, Jodsalz, Zucker, und Milch. Nur zwei %-Angaben.

Hier das super leichte Rezept für Ihre eigene Mayonnaise. Das Glas können wir uns auch schenken. Zudem kann der Geschmack selbst bestimmt werden und Sie wissen was enthalten ist.

* > 5 €

3 Eigelbe

2 EL Weinessig

500 ml Öl, handelsüblich

1 EL Senf

Zitronensaft

Salz und frischer Pfeffer

Das Eigelb in eine hohe Schüssel geben. Senf und Weinessig dazu geben. Mit einem Zauberstab die Masse aufschlagen (Bewegung geht von unten nach oben) und nach und nach das Öl langsam hineingeben. Bereits nach kurzer Zeit wird die Masse hell und fester werden.

Wenn die gewünschte Konsistenz erreicht ist mit Salz und frischem Pfeffer sowie Zitronensaft würzen.

Hätten Sie es gewusst?

Kalorien   25 %

Eiweiß   2 %

Fett   70 %

Kohlenhydrate   3 %

100 g Mayonnaise decken diesen Tagesbedarf.

Kräuter der Provence (Eigene Mischung)

Die Kräuter-Mischung ist wohl nicht nur in meiner Küche die meist gebrauchte. Da ich meine Mischung selbst herstelle, habe ich zwei Varianten zur Verfügung gestellt.

Wer schon mal im Südosten von Frankreich in der Provence war, versteht, wenn ich sage, alles aber wirklich alles riecht dort nach den drei Kräutern. Als Hobby-Koch ein Hochgenuss.

Jede Familie und jedes Dorf hat so gut wie seine eigene Mischung. Die Mischung besteht aus folgenden Bestandteilen:

Rosmarin   Thymian

  Majoran   Oregano

    Basilikum   Salbei

      Kerbel   Lorbeer

        Estragon   Fenchel

          Bohnenkraut   Dill

            Lavendel   Petersilie

              Liebstöckel

Wer die Zeit hat, kann sich gern mal im Supermarkt die Bestandteile einer Kräuter-der-Provence-Mischung erlesen. Ich bin mir sicher, dass viele der Zutaten fehlen werden. Kostengründe? Wer sich also sein Geschmack selbst zusammen stellt, geht immer auf den richtigen Geschmack.

Mindestens enthalten sein sollte…

25% Oregano 25% Rosmarin 25% Bohnenkraut 20% Thymian 5% Basilikum

Bei meiner Recherche ist mir aufgefallen, dass Basilikum nach dem Trocknen fast kein Aroma mehr besitzt. Deshalb findet man dieses Kraut nicht in meiner eigenen Mischung.

Thymian 30%   Oregano 25%   Rosmarin 15% Bohnenkraut 17%   Salbei 5%
Lorbeer 3% und Estragon 5%

Eigentlich kann jeder auf dem Balkon, Terrasse oder im Garten die Kräuter selbst
anbauen. Das hätte zudem den Vorteil, dass Wespen diese Zusammensetzung
weniger mögen und flüchten.

Ich trockne einfach alle frischen Kräuter im Sommer, reibe sie dann zwischen den
Händen, wiege sie ab und zerstoße sie in meinem Mörser.

Ingwer-Shot　　　　　　　　　(Überrollt Deutschland)

Ich bin überzeugt, dass Ingwer zu den gesündesten Lebensmitteln überhaupt
gehört. Die Chinesen haben da wohl über 2 Mill Jahre etwas richtig gemacht. Ich
persönlich schwöre auf gute Sauna-Gänge und meine tägliche Ration von der Knolle.
Ehrlich gesagt, übertreiben kann ich es auch, wenn ich am Abend ein gutes Stück
geschälte Knolle in meinen Rotwein lege. In den Restaurants ernte ich natürlich mit
der entsprechenden Bitte Unwohlsein.

Die Lebensmittelindustrie hat den Hipe auch erkannt. In Märkten schwirren seit
einigen Monaten Shot für horrende Preise herum. Ich habe mir also Gedanken
gemacht und biete hier meinen, wesentlich preiswerteren, jedoch genauso wohl-
schmeckenden Shot an. 4 cl pro Tag reichen völlig.

** > 15 €

130 g Ingwer

2 Bio-Zitronen

100 ml (naturtrüb) Apfelsaft (Birne geht aus)

80 ml Honig oder Agavendicksaft

1 TL Zimt

1 TL Kurkuma

… und wer mag Cayenne- oder Chilipulver

Wem der reine Geschmack vom Ingwer nichts ausmacht, kann den Honig gern
reduzieren.

Ingwer mit einem Löffel schälen. Auf diese Weise verschwendet man weniger
"Fleisch". Die Zitrone auspressen. Alle Zutaten in einen Mixer geben und fein
pürieren.

Ich gebe den Saft immer noch durch ein feines Sieb.

Im Handel gibt es kleine Fläschchen mit Bügelverschluss. Hier fülle ich regelmäßig 10 Stück ab und lagere sie im Eisschrank. Der frische Ingwersaft hält sich nicht lange. Daher bediene ich mich einem einfachen Trick. Am Abend kommt eine Flasche in den Kühlschrank und schon ist die Ration für den Morgen gesichert.

Gern variiere ich die Zitrone mit Orange oder Limette sowie Mandarinen. Gern lasse ich mich vom heimischen Markt inspirieren.

Kränkoch   (Matera Süditalien)

* > 5 €

4 cm Krän = Meerrettich, frisch (Krän)

300 g Semmelbrösel

Salz und frischer Pfeffer

200 ml Rinderbrühe (Gemüsebrühe geht auch)

50 ml Sahne

Schuss Worcestersauce

Semmelbrösel in eine Schüssel geben. Den Krän (Meerrettich) ca. 4 cm von der harten Schale befreien um ihn dann zu reiben und mit den Bröseln zu vermengen.

Mit Salz und Pfeffer sowie einem guten Schuss Worcestersauce würzen.

Die ½ der Brühe und Sahne hinzu geben und die Masse glattstreichen. So lange Brühe hinzufügen, bis die gewünschte Konsistenz erreicht ist.

Anmerkung: Ich mag es, wenn der Kränkoch in der Nase beim Essen zu spüren ist. Also je nachdem die Menge des Krän variieren.

Passt sehr gut zu allem Fleisch, auch vom Grill.

„Du büst'n baldadig Bangbüx."

Glasierte Perlzwiebeln

* < 5 €

2 Gläser Perlzwiebeln

½ TL Safranfäden

1 TL Zucker

25 ml Olivenöl

2 TL Heidehonig

¼ L Fertige Rinder- oder Hühnerbrühe

5 Lorbeerblätter

2 EL Wasser

Zesten einer Zitrone

1 TL gem. Zimt

1 TL Salz und 1 TL frischer Pfeffer

Chili

Safran, Honig, Salz und Pfeffer sowie warmes Wasser vermengen. Ca. 40 Minuten ziehen lassen. Der Safran muss seine Wirkung entfalten können.

Perlzwiebeln richtig gut abtropfen lassen. Olivenöl erhitzen und die Zwiebeln goldgelb anbraten. Die bekannten Röstaromen entstehen. Mit dem Honig die Zwiebeln karamellisieren lassen um anschließend mit der Brühe alles abzulöschen. Lorbeerblätter, Zitronen Zesten, Zimt sowie Chili (Cayenne Pfeffer geht auch) zufügen.

Bei schwacher Hitze 15 köcheln lassen und von Zeit zu Zeit umrühren.

Die vorbereiteten Safran-Masse zufügen und erneut 5 Minuten bei schwacher Hitze ziehen lassen.

Die Zwiebeln über Nacht im Kühlschrank aufbewahren.

Ideal für eine lange Grillparty mit Freunden.

Polenta, Tessiner Art mit Tee

** >10 €

Polenta, Handelsüblich

700 ml Tee

250 g Parmesan

30 g Butter

1 Zwiebel

Schuss Sojasoße

30 g Ingwer, frisch

Ingwer mit einem Löffel von der Schale befreien und reiben oder hacken. Tee herstellen und leicht warm halten. Den Parmesan, natürlich frisch am Stück gekauft, reiben und anschließend ein Tuch rüber zu legen. Zwiebel hacken.

Die Butter mit den Zwiebeln sowie Ingwer im Topf schmelzen lassen und die Polenta hinzu geben. Ca. 1 Minuten unter ständigem Rühren die Butter aufnehmen lassen.

Schuss Worcestersauce dazu. Nach und nach den Tee unter ständigem Rühren hinzugeben. Sobald die Polenta Blasen zeigt, ist sie fertig. Noch <u>kein</u> Salz hinzu geben. Parmesan liefert eine gewisse Salzigkeit.

Den vorbereiteten Parmesan einrühren. Da die Polenta noch recht warm ist, wird der Parmesan schmelzen.

Jetzt mit Salz und frischem Pfeffer abschmecken.

Die Polenta schmeckt warm sehr gut. Ich stelle immer eine Menge mehr her. Sie kommt in eine flache Form und ruht über Nacht im Kühlschrank. Nächsten Tag kann sie in Streifen geschnitten erneut verwendet werden. Schmeckt dann viel intensiver.

facebook.com/buch.kombuese

@twitter.com/Buchkombuese

easysale@web.de

"

Gefüllte Zwiebel

**< 10 €

4 große Gemüsezwiebeln

1 ½ L Wasser

250 g Hack halb und halb

4 Scheiben Bacon

50 g Paniermehl

Majoran

Salz und frischer Pfeffer

Den Zwiebeln nur den Kopf abschneiden. <u>Nicht</u> pellen. Vorsichtig mit einem Löffeln die inneren Zwiebelreihen heraus scharben. Es sollten noch 2-3 (Somit die größten) stehen bleiben.

Unten an der Zwiebel ganz wenig abschneiden, somit hat sie einen festen Stand.

Die Hackmasse ordentlich mit allen Zutaten würzen und vermengen um sie danach in die holen Zwiebeln zu drücken.

Jetzt vorsichtig die äußere Schale entfernen.

Ofen auf 220 C vorheizen. Zwiebeln in einem Bräter mit etwas Wasser auf dem Boden ca. 15 – 20 Minuten backen. Die Zeit kann variieren, da die Zwiebeln nicht gleich groß sind. Nach der Hälfte der Zeit je eine Scheibe Bacon auf die Zwiebel legen.

Dazu passt Reis.

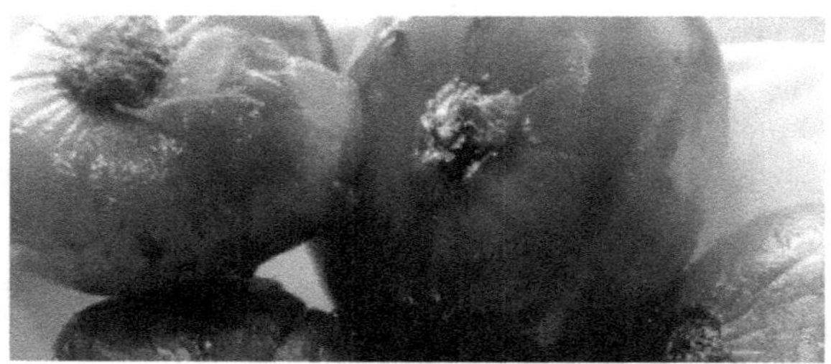

„Waruum hest so'ne Braß?"

Beurre manie   (Mehlbutter)

* > 5 €

Viele dicken die fast fertige Soße mit einem Pulver an. Es geht ein wenig besser und gesünder. Schauen Sie sich doch bitte mal die Inhalte von handelsüblichen Pulvern an.

250 g Butter

250 g Mehl Typ 405

Butter Zimmer warm werden lassen. Mehl durch ein Sieb geben. Alles vermengen. Ich nehme gern meine gewaschenen Hände dafür.

Anschließend die Butter in viereckige Eiswürfelbehälter frosten. Nach einem Tag die Butterwürfel heraus schlagen und in einer Tüte erneut im Eisschrank bis zur Verwendung aufbewahren.

Eine weitere Variante wäre, in eine Rolle Toilettenpapier eine kleine Plastiktüte zu stecken, die Butter dort hineinzudrücken und in der Form einzufrieren. Auf diese Weise entsteht eine Butterrolle.

Wichtig ist, kalte Butter dickt eine Flüssigkeit an. Bei der Mehlbutter kommt zusätzlich noch der „Kleber" des Mehls dazu. Durch die Konsistenz der Mehlbutter bilden sich keine Klümpchen in der fertig gebundenen Soße. Der Mehlgeschmack ist nach wenigen Minuten verschwunden.

So gelingt jedem eine tolle Soße zum Braten.

Tapinade – Die Originale Olivenpaste

* < 10 €

Die echte Tapinade stammt aus der südfranzösischen Küche und basiert im Original ausschließlich aus einer Olivenpaste, Anchovis und Kapern. Sie dient als Brotaufstrich oder leckere Würzung für Soßen. Oft wird ein Gemisch aus getrockneten Tomaten angeboten. Eine Fälschung des Namens.

Oft habe ich Oliven-Tapinade für teures Geld gekauft. Eigentlich immer wurde ich enttäuscht. Hier mein eigenes Rezept.

220 g schwarze Oliven

120 g Kapern, eingelegt

60 g Anchovis

Hand voll Thymian

2 Knoblauchzehen

Reichlich frischer Pfeffer

Schuss Worcestersauce

Etwas Abrieb von einer Bio-Zitrone

Olivenöl

Baguette

Die Anchovis ersetzen in meinem Rezept das Salz. Anchovis und Kapern abtropfen lassen. Thymian zupfen, Knoblauch schälen. Alles in ein hohes Gefäß geben und mit einem Zauberstab mixen. Mit dem Olivenöl soweit auffüllen, dass die gewünschte Konsistenz entsteht.

Gern wird Tapinade von mir mit geröstetem Weißbrot gereicht.

Ich fülle die Reste, wenn überhaupt vorhanden, immer in ein Bügelglas, decke alles mit einer Schicht Öl ab. So hält sich alles 2 Wochen im Kühlschrank.

Risotto - 3 Varianten

** > 10 €

Ich frage mich immer wieder, warum sich nicht mehr Kochbegeisterte an Risotto heran wagen.

Risotto ist der Klassiker der italienischen Küche und ist kinderleicht. Versprochen!

Guten Risotto Reis

2 Zwiebeln

40 g Butter

½ L Rinderbrühe

100 ml Weißwein

300 g guter Parmesan

Salz und frischer Pfeffer

Zutaten der weiteren Varianten finden Sie unten.

Die Rinderbrühe und Weißwein in einem separaten Topf erhitzen. Den Reis mit einem Sieb waschen. Die Zwiebeln klein hacken. Den Parmesan reiben und abgedeckt zur Seite stellen. Butter in einem Topf erhitzen. Reis in der Butter schwenken. Nach ca. 1 Minute die Zwiebelwürfel dazugeben.

Sobald die Zwiebeln, sollte recht schnell passieren, etwas glasig sind, nach und nach die Rinderbrühe aufgießen. Bitte ständig rühren. Immer wieder etwas Brühe nachgießen. Wenn der Reis keine Flüssigkeit mehr aufnimmt, die Hitze reduzieren und auch nach und nach den Parmesan dazu geben. Er sollte sich durch die Restwärme auflösen. Sollte es zu dickflüssig werden, etwas Brühe nachgeben.

Mit Salz und frischem Pfeffer abschmecken.

Natürlich kann man nicht nur Risotto auf den Tisch stellen. Hier drei Ideen die ich immer wieder gern zubereite.

Rindfleisch, Erbsen, Paprika, Zwiebel, Pilze, Chili Zucker Schoten

Pilzrisotto mit Parmesan, Petersilie und feinen Wildsalatblättern

Arborio-Reis / Garnelen / Muscheln / Tintenfische / Tomaten / Petersilie / Chili

Mousse au citron – Zitronenmousse

* < 5 €

Ich mag es einfach nicht, im Fachhandel die fertigen Päckchen zu kaufen. Beweisen kann ich es nicht, aber ich stelle hier mal die Frage: Was ist da so alles enthalten.

Denkbar einfach, aber immer wieder lecker, ist meine Mousse au citron.

3 schöne Bio-Zitronen

3 mittel große Eier

120 g Zucker

Ganz wenig Salz

40 – 50 g Butter

1 Becher Sahne

Von den gewaschenen Zitronen Zesten gewinnen. (Bitte nicht vom Weißen der Zitrone). Eier, Zucker sowie genügend Saft der Zitronen vermengen. Die Masse auf einem recht warmen Wasserbad glatt rühren. Vom Wasserbad entfernen.

Die Masse muss schaumig werden. Die Butter in Flocken langsam einrühren. Abgedeckt ca. 40 Minuten im Kühlschrank ziehen lassen.

In der Zwischenzeit die Sahne fest schlagen. Anschließend vorsichtig unter die Masse heben.

Alles in schöne Schälchen füllen und weitere 3 Stunden im Kühlschrank aufbewahren.

Radieschen Gemüse

* > 10 €

2 Bund Radieschen

Olivenöl

Salz und frischer Pfeffer

1 Packung Pinienkerne

Honig

Thymian- und Rosmarinzweige

Radieschen putzen und vierten. Die Blätter ebenfalls putzen, waschen und grob zerrupfen.

Olivenöl erhitzen und die vorbereiteten Radieschen abschwitzen. Schon nach kurzer Zeit Honig hinzufügen und alles durch schwenken. Salzen und mit frischem Pfeffer abschmecken. Zur Seite stellen.

Thymian und Rosmarin zupfen.

Gezupfte Blätter dazu, Pinienkerne anrösten und abgekühlt dazu geben.

Alles mit Olivenöl garnieren

Kräuter für den Winter

Ich kann verstehen, dass nicht jeder im Garten oder auf der Terrasse Kräuter anpflanzen kann. Trotzdem gibt es die Möglichkeit, sich bereits im Sommer mit Kräutern für den langen Winter einzudecken.

Ich kaufe auf dem heimischen Wochenmarkt bei meinem türkischen Stand Thymian, Bohnenkraut, Minze und viele weitere Kräuter. Sie werden in großen Bündeln angeboten. Grundsätzlich kann ich den Tipp geben: Alle Hartholzigen-Kräuter können sehr gut getrocknet werden.

Hierzu bediene ich mich dem alten „Küchengarn". Bekannt von den Rouladen der Oma. Das Garn ist mit einer Naturwachsschicht überzogen. Dadurch lösen sich die Knoten nicht und die Bündel mit Kräutern bleiben zusammen. Im oberen Bild gezeigt.

Einfach ein kräftiges Bündel Kraut mit Garn umwickeln, mit einem Doppelknoten schnüren und an einem warmen Ort ab Mittsommer trocknen lassen. Wenn es schnell gehen soll, können die Kräuter auch in der Sauna getrocknet werden.

Die „Schlaufen" zum Aufhängen lasse ich immer etwas länger. Dadurch kann ich sie am Suppentopf befestigen um sie an einem Stück nach der Geschmacksabgabe wieder entfernen zu können.

Harter Harzer

* < 5 €

Manche Rezepte finde ich auch nachts um 2 Uhr; so geschehen mit meinem Freund Peter Olbrich in Juli 2020 im Harz.

1 L einfachen Korn

1 L Ananassaft

1 Zitrone

Beide Flüssigkeiten 1:1 mischen. Um nicht separate Flaschen kaufen zu müssen und Ressourcen zu sparen, nehme ich gen die Korn- und Saft-Flasche um alles abzufüllen.

Je eine halbe Zitrone zugeben. Gut mischen und kaltstellen.

Wer mag, kann gern eine Olive dazu reichen. Guter Trunk für heiße Sommertage.

„Johoho und ne Buddel voll Rum."

Tomatenketchup mit und (mit) ohne Curry

** > 10 €

500 g reife Tomaten

1 EL Salz

2 Zwiebeln

2 EL Weinessig

2 EL Rotwein

80 g Zucker

20 g frischen Ingwer

Etwas Olivenöl

Messerspitze gemahlene Nelke

Frischer Pfeffer

1,5 geriebener Meerrettich

(3 EL Curry)

Tomaten und Zwiebeln zerkleinern und ca. 20 Minuten köcheln lassen. Alles durch ein Sieb passieren. Mit Essig, Rotwein, Zucker und allen anderen Zutaten würzen. Erneut 1 Stunde bei schwacher Hitze köcheln lassen. Hin und wieder umrühren.

Zu diesem Zeitpunkt haben Sie das Grundrezept von Ketchup hergestellt.

Die Variante, so wie Sie es mögen, liegt ganz bei Ihnen. Curry, Kaffee, Cola oder Chili wären weitere Geschmäcker.

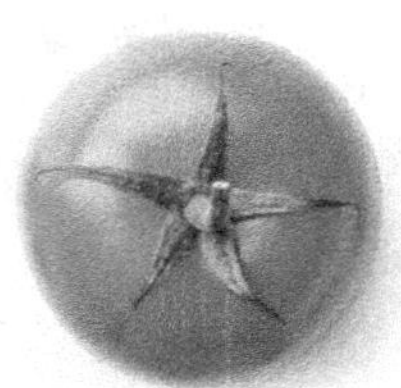

Kohlrabi, selbst eingelegt

Wenn man in der Küche beim „Pickeln" sauber arbeitet, hält sich das Gas im Kühlschrank mehrere Wochen. Dazu einfach Glas und das Gummi in die Spüle auf eine saubere Unterlage stellen und mit kochendem Wasser übergießen. Ab jetzt nur mit sauberen Händen berühren.

* >10 €

100 ml weißer Balsamicoessig

60 g Zucker

1 Kohlrabi

1 TL Senfsamen

Oder

1 TL Senfkaviar aus meinem ersten Buch

½ TL Currypulver

Chili

3 Lorbeerblätter

10 Pfefferkörner

1 TL Salz

Den Kohlrabi schälen und in gewünschte Stücke schneiden. Jetzt muss die Zellstruktur verändert werden. Dazu die Stücke in ein Gefäß legen und mit Salz gut durchkneten. Etwa 50 Minuten stehen lassen.

Kohlrabi abtropfen und mit frischem Wasser säubern.

In meinem Fall hobele ich immer Kohlrabischeiben. Gefällt mir einfach besser zudem macht es mit dem „Genius" Spaß. Die Scheiben sauber übereinander ins Glas legen; hin und wieder ein Lorbeerblatt dazu schichten.

Alle anderen Zutaten in einen Topf geben, die Flüssigkeit so lange erhitzen bis der Zucker aufgelöst ist.

Noch im warmen Zustand das Bügelglas verschließen.

„Jetzt aber ma Butter bei di Fische!"

Haymakers Punch (Heuarbeiter-Bowle)

* >10 €

150 g Ingwer

80 ml Apfelessig

100 g einfachen Honig

Saft von 2 Zitronen

Ca. 600 ml Wasser

1-2 x 5 ml Gin

½ TL Krümelsalz

Den Ingwer mit einem Löffel schälen und ca. zwei Minuten im Wasser kochen lassen. Topf vom Herd nehmen und den Ingwer weitere 30 Minuten die volle Kraft in die Flüssigkeit entwickeln lassen.

Sobald die Flüssigkeit kühl ist, den Gin vermischen und weitere Zutaten hineingeben. Das Krümelsalz erst nach vollendeter Fertigung.

Jetzt kommt es nicht nur auf das Auge an; das trinkt bekanntlich mit. Mit Zweigen vom Rosmarin, Blätter vom Basilikum garnieren sowie geputzte Erdbeeren reinlegen.

Cannabis- Öl und Butter   (Nicht nur für NL)

Während in den USA ein Bundesland nach dem anderen Cannabis-Konsum frei gibt (Zu Recht wie ich finde) und die Aktienangebote auf meinem Handy jeden Tag rein flattern, ist in Berlin noch lange nichts los. Ich möchte mit den beiden Vorschlägen meine Lesen aufmerksam machen, dass es nicht nur einen schönen Rauchgenuss geben kann; es ist seit vielen Jahrtausenden auch ein Gewürz.

Der „Küchen-Cannabis", auch „Canna" genannt, kann auf viele Arten angewandt werden. Das Prinzip der Zubereitung ist denkbar einfach; Zutaten werden gemeinsam mit Wasser und gemahlenem Gras über Stunden auf kleiner Flamme geköchelt.

Für herzhafte Gerichte wird Oliven- oder Rapsöl, für süße Gerichte Kokosöl. Im Rezept verwende ist lediglich „Öl" als Begriff, Sie entscheiden selbst.

14 g Grasverschnitt

250 ml Öl

Wasser

Seihtuch / Käsetuch

Gras mit einer Maschine fein zermahlen. Da das enthaltene THC recht flüchtig ist, muss die Temperatur vom C-Mehl gleich gesenkt werden. Es würde sonst die Wirkung verlieren.

Jetzt Gras-Wasser-Öl Gemisch mind. 3 Stunden leise köcheln lassen. Immer wieder mal umrühren.

Auf der Oberfläche bildet sich eine Ölschicht. Das wollen wir haben. Ein Seihtuch über einen Topf spannen, die Flüssigkeit vorsichtig abgießen. Der Vorgang kann mehrfach wiederholt werden um alle Grasreste aufzufangen. Mit einem Kaffeefilter gelingt es auch.

Die Flüssigkeit über Nacht kalt stellen. Das Öl, welches wir haben wollen, wird fest wie Butter und kann mit einem Löffel abgeschöpft werden. Anschließend in ein Bügelglas füllen.

An dieser Stelle eine kleine Geschichte.

Vor vielen Jahren hatte ich im Garten ein großes Futter-Vogelhaus stehen. Über das ganze Jahr hatten die Kleinen etwas zum Futtern. In einem Jahr wuchs darunter eine recht komische Pflanze. Da ist mit dem Mäher da nicht hinkam, ließ ich sie gewähren; sah recht bekannt aus.

Nach einigen Wochen habe ich meinem Sohn die Pflanze als Cannabis erklärt und welchen Unsinn einige damit machen. Sie wurde sozusagen zum Leermaterial.

Er muss das wohl im Kindergarten erzählt haben. Drei Tage nach der Exkursion stand die Polizei vor meinem Haus. Die Plantage musste entfernt werden. Auf die Frage, warum Vögel Cannabis futtern dürfen und Menschen nicht fanden wir keine Erklärung.

Leckere Grill Ideen

Bier Marinade aus Kellerbier

* >20 €

2 kg Schweinenacken (Oder anderes Fleisch)

170 ml Zwickel Kellerbier

80 ml Olivenöl

3 EL Ahornsirup

2 EL geräuchertes Paprikapulver

1 EL Oregano

2 EL Senf

Chili

Salz und frischer Pfeffer

2 Zwiebeln

3 Knoblauchzehen

Knoblauch und Zwiebeln fein hacken. Die Gewürze zusammen mit dem Bier vermengen. Das gewaschene Fleisch in der Marinade einlegen.

Alles sollte mindestens 6 Stunden, oder wenn es geht über Nacht, im Kühlschrank gelagert werden.

Wer ein Vakuumiergerät zu Hause hat, legt das Fleisch mit der Marinade dort ein.

Grill auf 200 C vorheizen. Mit einem Küchenpapier das Fleisch grob trocken tupfen.

Es kann los gehen.

Dänische Remoulade

* > 10 €

Bitte benutzen Sie mein Grundrezept für die eigene Herstellung von Mayonnaise hier in diesem Buch beschrieben. Zusätzlich für die Dänische Remoulade benötigt man…

1 kleines Glas Mixed Pickles

2 EL saure Sahne

2 TL Dijon-Senf

2 TL Aprikosen-Fruchtaufstrich

1 TL Zitronensaft

Etwas Currypulver, Rezept in Buch 1

2 TL Zucker

Kräuter

Von den Mixed-Pickles den Blumenkohl, die Gurken, die Silberzwiebeln sowie die Möhrenscheiben herausnehmen und abtropfen lassen. Die Hälfte davon sehr fein würfeln.

Mayonnaise mit saurer Sahne, Senf, Aprikosenfruchtaufstrich, Zitronensaft und Curry abschmecken. Die feinen Mixed-Pickles dazu geben. 20 Minuten ziehen lassen.

Restliches Gemüse vermengen. Ihre selbst gewählten Kräuter klein schneiden und unterheben.

Brauner-Zucker geräuchert   (Packed Brown Sugar)

Wer gerne BBQ Abende unternimmt oder allgemein gern grillt wird von dem Zucker schon das eine oder andere Mal gehört haben. Was aber verbirgt sich dahinter?

Er hat eine recht feuchte Konsistenz und fühlt sich recht klebrig an. Der Geschmack ist malzig, leicht herb und bei weitem nicht so süß wie normaler Zucker.

Er ist in vielen BBQ Soßen und Rubs zu finden. Der Zucker ist in Deutschland kaum zu bekommen. Daher habe ich mich entschlossen, hier das einfache aber durchschlagende Rezept zu veröffentlichen.

* > 5 €

Es gibt zwei Varianten. Light Sugar hat einen Melasse Anteil von 3,5 %; Dark Sugar dagegen 6,5 %. Melasse bitte nicht mit Zuckerrübensirup verwechseln.

200 g weißer Zucker

20 g Melasse

Die beiden Zutaten einfach in der gewünschten prozentualen Menge ca. 20 Minuten verrühren. Eine Küchenmaschine wäre hilfreich.

Einfach das Fleisch oder z. B. den Lachs ausgiebig mit dem Zucker bestreichen. Vor dem Grillen etwas abstreichen; sonst überwiegt der Zucker Geschmack.

Dressing für Kartoffel- Nudelsalat, Mein Spezial

* >10 €

1 Tube Mayonnaise

1 gehäuften EL Senf

200 ml Gurken Essigwasser

Salz und frischer Pfeffer

50 ml Milch

Schuss Worcestersauce

Spritzer Tabasco

3 EL Olivenöl

2 TL Zucker

Alle Zutaten zusammen in ein hohes Gefäß geben und gründlich durchrühren.

Gewünschten Salat zusammen stellen. Grundrezept ist für Kartoffel- Nudel- Eier- usw. Salat denkbar. Etwas der Flüssigkeit aufheben. Die Zutaten für Ihren Salat saugen unterschiedlich auf. Nach ca. drei Stunden kann Flüssigkeit erneut zugegeben werden.

Warmer Kartoffelsalat

Wer gerne frischen Fisch in einem Restaurant bestellt, kennt den warmen Kartoffelsalat. Das Rezept habe ich von den Paulaner-Bierstuben in München anlässlich eines Kurztrips 2015 erhalten.

* > 10 €

500 g Kartoffeln

2 Lorbeerblätter

1 Zwiebel

Salz und frischer Pfeffer

3 EL Senf

6 EL Essig

Wasser

Butter

Hand voll Dill

Ich mag gern Kartoffeln mit Schale. Da stecken recht viele Nährwerte; außerdem kochen sich die Kartoffeln sauber. Kartoffeln in Salzwasser kochen und anschließend im Topf handwarm erkalten lassen. Stärke bildet sich so besser aus. Kartoffeln in mundgerechte Stücke schnippeln.

Zwiebeln und Dill hacken. In einer Pfanne die Butter schmelzen lassen und anschließend die Zwiebelstücke mit Lorbeerblättern glasig dünsten. Senf einrühren und mit Essig ablöschen. Vorsicht! Der Essig verdunstet und kann sehr unangenehm in der Nase wirken. So viel Wasser aufgießen, wie nachher an Flüssigkeit vorhanden sein soll.

Mit Salz und frischem Pfeffer würzen. Sobald der Essiggeruch abgenommen hat, ¾ der Flüssigkeit über die Kartoffeln geben. Mehrfach umrühren. Die Masse ca. 40 Minuten „schlotzig" werden lassen. Die Kartoffeln saugen das Dressing auf.

Nochmals abschmecken. Ist nicht mehr genügend Dressing im Salat, mit dem restlichen Dressing nachhelfen.

Dill unterheben.

Cacik (Türkisches Tzatziki)

Es muss nicht immer der Grieche sein!

* > 5 €

500 g Joghurt 3,5 % Fett

½ Salatgurke

4 Knoblauchzehen

1 TL Olivenöl

Salz und frischer Pfeffer

Hand voll frischer Dill

Schneller Dipp für schöne Sommertage.

Ich kaufe das Joghurt gern original im ausländischen Fachgeschäft. Alle Zutaten vermengen und ziehen lassen.

Wunderbar zu Döner, Grillfleisch und Backkartoffeln. Kühl servieren.

Funschosa-Glasnudelsalat

* < 10 €

240 g Reisnudeln

130 g Rindfleisch

2 Möhren

1 große Zwiebel

2 Knoblauchzehen

Chili

3 EL Sojasoße

Salz und frischer Pfeffer

Die Reisnudeln nur in einem Topf mit kochendem Wasser übergießen. Nach ca. 3 Minuten abgießen.

Fleisch in kleine Stücke schneiden. Möhren raspeln; ich bin begeisterter „Genius" Mensch. Zwiebeln und Knoblauch würfeln.

Alles recht heiß und schnell anbraten. Tipp: Würde man es nicht auf hoher Hitze anbraten, würde das Fleisch schmoren und nicht braten.

Die Nudeln mit einer Schere klein schneiden um alles zu vermengen. Sojasoße hinzufügen und mit Chili in die gewünschte Schärfe bringen.

Naan-Streifen zum Dippen   (Amrum)

Wer gern mal ein Persisches Restaurant besucht, kennt Naan. Ein per Hand abgerissenes Stück Fladenbrot mit sehr vielen Luftblasen, mit dem gedippt werden kann. Was für den Inder Papadam (Rezept in meinem ersten Buch), ist für den Perser Naan. Für Europäer ist leider Naan nicht herzustellen.

Auf meinen Kurzreisen auf der Suche nach Rezept-Ideen bin ich in 2020 auf Amrum gestrandet. Hier hätte ich kein Persisches Restaurant erwartet; um so sehr hat es mich gefreut wieder einmal eine gute Rezeptidee zu finden.

* > 5 €

1 Rolle fertigen Pizzateig

2 EL Origano

1 EL Olivenöl

Den fertigen Teig kann man in jedem Supermarkt ergattern. Er ist von beiden Seiten mit einer Papierschicht geschützt. Die Rolle <u>mit</u> dem Papier in c. 2,5 cm dicke Streifen schneiden.

Das Ofenblech mit etwas Olivenöl bestreichen. Eine Stück Naanteig aufrollen, von einer Seite das Papier abnehmen, um es auf das Blech zu legen. Das andere Papier ebenfalls entfernen. Wenn Sie diesen Vorgang machen bevor der Teig auftaut, gelingt es wesentlich besser.

Reichlich Origano darauf streuseln.

Ofen auf 180 Grad heizen und Naan ca. 15 Minuten backen.

Ich reiche zwei Stücke gern zu Suppen oder zu Dips beim Grillen.

facebook.com/buch.kombuese

@twitter.com/Buchkombuese

easysale@web.de

„Höör up to daddeln!"

Adana Kebap (Türkische Fleischspieße)

Mich hat es mal wieder nach Hamburg- Altona gezogen. Ein Restaurant neben dem Anderen mit so vielen unterschiedlichen Gerüchen und Geschmäckern. Genial!

Bei einem Türkischen Metzger habe ich die vorbereiteten Fleischspieße gesichtet. Warum die gleichmäßigen Finger-Abdrücke zu sehen sind, wird weiter unten erklärt.

** > 10 €

Für 5 Portionen

1 kg Hackfleisch vom Rind

100 g Lamm

4 Zwiebeln

3 Knoblauchzehen

1 TL Paprikapulver

1 TL frischer Pfeffer

1 TL Salz

1 EL Paprikamark

Olivenöl

Zwiebeln und Knoblauch fein hacken. Gewolftes Fleisch mit allen anderen Zutaten richtig gut vermischen. Ich stelle den Fleischteig immer einen Tag vorher her. Die Geschmacks-Erfahrung hat mich bestätigt und er wird ein wenig fester.

Der Spieß sollte nicht rund sondern vielmehr flach sein. Das hat den Vorteil, dass das noch rohe Fleisch sich nicht drehen kann und nicht so leicht rutscht.

Etwas Fleisch um den Spieß „legen". Auf einem Küchenbrett liegend gleichmäßig verteilen. Jetzt kommt die eigentlich wichtigste Maßnahme.

Mit vier Fingern entlang des Stabes gleichmäßige Eindrücke hinterlassen. Nicht zu viel Fleisch pro Spieß.

Die entsprechende „Finger" Frage ist beim Metzger natürlich von mir gestellt worden. Durch die „Finger-Wellen" ist das Fleisch gleichmäßig dünn um den Spieß verteilt. Das ermöglicht ein schnelles garen, auch auf dem Grill bei hoher Hitze, sowie keine rohen Stellen.

Sobald das Fleisch schöne Röstaromen hat, zusätzlich bepinsele ich es mit guten Olivenöl.

Dazu passt andalusische Paste „Cacik & Ezme". Einfach lecker.

Melonen-Curry

** < 10 €

4 Scheiben Wassermelone

30 g Ingwer

2 Knoblauchzehen

3 Stück Butter

2 EL Sesamöl

1 EL Tai Currypaste

2 EL (Mein) Curry, s. Buch I

Salz und frischer Pfeffer

4 EL süße Chilisoße

Das Fleisch der 4 Melonenscheiben von der Schale und den Kernen befreien und in ca. 2 cm große Stücke schneiden, um sie in ein hohes Gefäß zu geben. Anschließend mit dem Zauberstab alles mixen.

Ingwer mit dem Löffelrücken schälen und in kleine Stücke schneiden. Ebenso den Knoblauch. Beides in eine Auflaufform geben, Butter und Sesamöl hinzu geben. Würzen mit Tai Currypaste (Mittelscharf). Alles anbraten.

Salz, Pfeffer, Curry und süße Chilisoße aus dem Asia-Laden zugeben. In diesem Moment die flüssige Melone zuschütten. Alles gut umrühren und einkochen.

Das Melonen-Curry eignet sich hervorragend zu allem was gegrillt werden kann. Aufgrund der Zutaten ist es bis zu 2 Wochen im Kühlschrank gut haltbar.

Paprika, gebrannt

** < 10 €

Geht man lecker zum Italiener Essen und bestellt Anti Pasti, so landet auch die weiche Paprika auf dem Tisch. Hier gibt es einen kleinen Trick, den ich jetzt verrate.

5 Paprika rot

Krümelsalz

5 EL Olivenöl

Tropfen Zitronensaft

Verschluss dichte Tüte

Wenn ein guter Grill mit hoher Temperatur vorhanden ist, dann dort zubereitet, ansonsten den Ofen auf 280 C stellen.

Paprika nur waschen und nicht zerschneiden. Je Paprika 1x mit einem Messer ein kleines Loch stechen.

Die vorbereiteten Paprika im Ofen so richtig schwarz anrösten. Keine Angst wenn das Gemüse Blasen wirft.

Wenn der gewünschte Röstzustand erreicht ist, die Paprika vorsichtig mit einer Küchenzange noch richtig heiß in einen Verschluss dichten Beutel mit Öl und Krümelsalz (s. Erklärung im ersten Buch) geben. Beutel verschließen. 15 Minuten Pause.

Dieser Schritt ist sehr wichtig. Ohne ihn würde die schwarze Haut schlecht bis gar nicht abgehen. Im Beutel schwitzen die Paprika nach und die Haut löst sich von selbst.

Anschließend einzeln heraus nehmen, Haut mit einem scharfem Messer abpellen. Die Stücke putzen, erneut mit Öl bestreuen und im Kühlschrank aufbewahren.

Meerrettich-Orangen-Soße

* > 5 €

3 EL Meerrettich frisch gerieben

2 EL Orangensaft

1 TL scharfer Senf

Salz und frischer Pfeffer

Abrieb von Orange

Orange, auch wenn sie Bio ist, warm abwaschen.

Die Meerrettich-Knolle habe ich immer im Eisschrank eingefroren. So kann ich portionsweise etwas davon nutzen.

An einem Ende die grobe Schale noch gefroren abschneiden um abschließend mit einer Reibe Zesten zu bekommen. Ich möchte hier keine Mengenangabe machen; vielmehr kann jeder selbst die Schärfe bestimmen.

Alle Zutaten vermengen und glatt rühren.

Die Soße passt gut zu Käse wie Blanc Battue. Sie lässt sich gut im Kühlschrank aufbewahren.

Eisbergsalat, gebraten

* > 5 €

120 g frischer Parmesan

Pro Person einen haben Eisbergsalat

30 g Butter

Den Eisbergsalat so in eine Scheibe schneiden, ob es eine große Tomate wäre. Die Scheibe kann gern 4 cm dick sein und sollte im Ganzen erhalten bleiben.

Frischer Parmesan aus dem italienischen Fachhandel wie „Andronaco" ist herrlich und ganz und gar nicht mit dem Produkt aus den Tüten zu vergleichen. Er hält sich im Kühlschrank über mehrere Wochen; original Papier verwenden.

Ca. 120 g Parmesan runter raspeln.

Butter in der Pfanne leicht erhitzen. Die Salatscheibe hineinlegen und etwas andünsten. Wenden. Auf die noch heiße obere Seite den Parmesan streuseln. Er wird schmelzen und leicht in den Salat einwirken.

Dieser Vorgang dauert nicht lange; schließlich kann Salat nicht lange in der Pfanne „überleben". Sollte der Parmesan also noch nicht in Gänze geschmolzen sein, kann im Ofen bei 120 C nachgeholfen werden.

Acili Ezme   (Türkische Gewürzpaste)

** < 10 €

Ich habe über 21 Jahre in einer Kleinstadt mit knapp 24 Tausend Einwohnern gelebt. Recht gut kann ich im Nachhinein sagen; eine Einschränkung gab es doch. Die Anzahl der Restaurants war auf 5 in Bezug eines Hotels beschränkt. Hieß für mich als Hobbykoch, irgendwann war ich dann mal schnell durch.

Einen ganz lieben Ali, Inhaber eines ganz tollen türkischen Restaurants, was zudem noch privat geführt wurde, hat mich kulinarisch über Wasser gehalten.

Ich erinnere mich gern, dass ich immer noch ein kleines Schälchen der Acili Ezme Paste für zwei Wochen mit nach Hause bekam.

Durch eine Erkrankung musste er zu meinem Entsetzen das Restaurant aufgeben; nicht aber um mir vorher SEIN Rezept zu verraten.

2-3 Knoblauchzehen

1 Rote Zwiebel

2 Tomaten

3-4 Spitzpaprika

Chilischoten

30 g Petersilie

1 EL Zitronensaft

Schuss Worcestersauce

30 g Granatapfel Sirup, kann auch gespart werden

10 g Sumach

1 EL Minze

1 -2 EL Tomatenmark

8 ml Olivenöl

Salz und frischer Pfeffer

Paprika und Chili putzen. Mit einem Zauberstab mixen. Wichtig ist jetzt, dass die entstandene Masse mit Hilfe eines Siebes abtropfen kann. Dieser Vorgang kann gern 1 Stunde benötigen.

Jetzt alle anderen Zutaten unterheben. Je nachdem welches Tomatenmark verbraucht wird, kann hier nachgeholfen werden.

Im Restaurant reicht man die Paste zu eigentlich allen Gerichten. Ich hoffe Sie jetzt auch.

„Joho, wat is dat Deern daar günt mooi."

Amuse-Gueule

Glasierter Ziegenkäse

* > 5 €

Pro Person

1 Ziegenkäse

1 EL Honig

Mehr bedarf es nicht; voller Geschmack auf dem „Göffel". Als Amuse Gueule in meiner Küche gern gesehen.

Den Ziegenkäse vorsichtig auspacken. Er ist meist in Folie eingewickelt und zerbricht recht schnell.

Ofen auf 120 Grad vorheizen, Käse in den Ofen legen und nur kurz erwärmen. Ziegenröllchen auf einen „Göffel" oder kleinen Teller legen, mit kühlem Honig etwas beträufeln.

Champignons, karamelisiert

* > 5 €

1 Dose Champignons

2 Knoblauchzehen

80 g Butter

Salz und frischer Pfeffer

5 EL Honig

3 EL Balsamico

1 EL Kräuter der Provence

20 Kapern

Die Champignons abgießen und trocknen lassen. In einer Pfanne die Butter schmelzen lassen und die Pilze kurz erwärmen. Jetzt erst den gehackten Knoblauch hinzugeben sowie reichlich Kräuter der Provence. Hier verweise ich auch auf die Kräuter-Mischung in diesem Buch.

Den Balsamicoessig hineingeben und die Pilze in der Pfanne schwenken. Sie nehmen recht schnell Farbe an. Honig hinzufügen und die Pilze karamellisieren. Pilze herausnehmen und einzeln liegend abkühlen lassen.

Aus dem Food-Pairing Wissensteil wissen wir, dass Kapern und Pilze gut zusammen passen.

Als Amuse Gueule sind beide Zutaten sehr geeignet.

Kapern fein wiegen (schneiden). Einen Pilz mit einem Hauch Kapern auf einen Göffel drapieren.

Melone im Serrano-Mantel
* > 5€

Viele kennen Pflaume im Speckmantel. Von dem Klassiker abgeleitet, bereite ich gern Melone und Serrano-Schinken als Ersatz zur Pflaume und Bacon zu; das gern als Amuse Gueule. En wunderbares Erlebnis im Mund, wenn der zimmerwarme Schinken mit dem geeisten Inhalt zusammen trifft.

1 Honigmelone

Serrano-Schinken

Schnittlauch

Frischer Pfeffer

Von der Melone mundgerechte Stücke schneiden. Sie sollten wirklich nicht zu groß sein. Mit frischem Pfeffer bestreuen und ca. 20 Minuten ins Eisfach legen.

Eine Scheibe Serrano-Schinken auswählen. Das Stück Melone mittig drapieren. Aus der Schinkenscheibe ein Säckchen formen und mit einem langen Schnittlauch leicht mit einem Knoten fixieren. Auf einem Göffel reichen.

Mojo rojo und Mojo verde (Spanien)

* > 5 €

Gesprochen „Mocho rocho"

Mojo rojo und auch die weitere Form Verde steht bei den Spaniern immer auf dem Tisch. Mojo rojo ist die rote und gern auch scharfe Variante. Mojo verde ist süßlicher, dafür auch säuerlicher.

Mojo rojo	**Mojo verde**
1 Tasse Olivenöl	150 ml Olivenöl
3 Tassen Pflanzenöl	60 ml Rotweinessig
1 EL Weinessig	1 grüne Paprika
Halbe Tasse Wasser	1 Knolle Knoblauch
4 scharfe Peperoni	2 Bund Petersilie
2 TL Paprikapulver, geräuchert	2 Bund frischer Koriander
1 ganze Knolle Knoblauch	4 Zweige Thymian
3 EL Tomatenmark	Salz und frischer Pfeffer
Krümelsalz	
1 TL Kümmel	

Die Zubereitung beider Dipp-Soßen ist gleich. Knoblauch putzen. Kräuter waschen und grob rupfen. Alles in einen Mixer geben und 2 Minuten zur Soße werden lassen.

Sollte die Soße zu flüssig sein, einfach mit einem Löffel die Flüssigkeit extrahieren.

Mit Salz und frischem Pfeffer abschmecken.

Gereicht werden sie gern zu jeder Mahlzeit zusammen mit Fladenbrot. Ich mag gern die Spanischen „Papas Arrugadas", Schrumpf-Kartoffeln, zermatschen und die Soße dazu. Das Rezept finden Sie in diesem Buch.

Papas Arrugadas Schrumpf-Kartoffeln (Spanisch) 

In 2019 wollte ich mir eine kleine AUSZEIT gönnen. Es sollte der kleine Pilger-Pfad aus Mallorca ganz hoch im Norden der Inseln werden. Also Rucksack zusammen geschmissen, Billigflug gebucht und übermorgen landete ich auf der Inseln. Schnell noch ein Taxi … schon war ich in Port de Pollenca.

Was ich jedoch nicht so bedacht hatte war, die Spanische Küche. In dem kleinen Hotel mit innen liegendem Garten zog mich nur so an. Unterm Strich habe ich zwei von drei Tagen dort verbracht und so einige Rezepte wie z.B. die kleinen schrumpeligen Kartoffeln und auch Mojo Verde mitgebracht.

* > 10 €

500 g festkochende Kartoffeln, die kleinen

250 g grobes Meersalz

1 TL gute Salzflocken

Mehr brauchte es nicht.

Kartoffeln in einen Topf geben und so viel Wasser aufgießen, dass sie gerade so bedeckt werden. Mit Meersalz ca. 20 Minuten ganz normal kochen.

Wenn sie gar sind, das Wasser abgießen und den Topf bei <u>kleiner</u> Flamme zurück auf den Herd stellen. Die Kartoffeln müssen jetzt <u>ohne</u> Deckel ausdampfen. Hin und wieder schütteln. Nach ein wenig Zeit werden die Kartoffeln schrumpelig und es bildet sich eine Salzkruste. Genau so sollten sie sein.

Das Gericht kann gut am Vormittag bereitet werden, wenn am Abend Gäste zu Besuch erscheinen.

Oma Rita Paste
** > 10 €

80 Butter, flüssig

300 Parmesan
Salz und frischer Pfeffer
Zweifach Konz. Tomatenmark
Worcestersauce
1 Knoblauchzehe

Vorwort: Meine Oma Rita hat im 2. Weltkrieg in England als Zofe im Könighaus gearbeitet. Hier, so hat sie mir selbst berichtet, ist das Rezept entstanden. Bis jetzt über 4 Generationen in meiner Familie geblieben.

Butter bei 60 C im Ofen schmelzen. Die Zwiebeln ganz fein haken oder im Mixer ganz klein schneiden. Ebenfalls den Knoblauch. Den Parmesan, es geht nicht Parmesan aus der Tüte, raspeln.

Alles in die Schüssel geben. Ca. 1/2 Tube zweifach konzentriertes Tomatenmark dazu. Reichlich Pfeffer, nach Geschmack, dazugeben. Wenig Salz, da der Käse bereits gesalzen ist.. Einen guten Schuss Worcestersauce dazugeben. Jetzt mit einer Gabel alles ca. 2 Minuten vom Rand her vermengen. Wichtig: Der Geschmack der Tomate darf nicht überwiegen Die Butter ist lediglich der Kleber. Der Parmesan muss unbedingt im Vordergrund liegen. Ca. 1 Stunde abkühlen lassen. Abschmecken. Nach Bedarf Salz oder Parmesan zugeben. Ich fülle die Oma Rita Paste immer in kleine Folienbällchen ab (Eislöffel) und gebe sie in den Froster.

Als Amuse Gueule streiche ich die Paste auf einen Tuc.

Anmerkung: Parmesan kann bereits gerieben als auch am Stück erworben werden. Ich bin fest davon überzeugt, dass der geriebene Käse weniger Geschmack bzw. Würze mit sich bringt. Also gebe ich lieber 3 Euro mehr aus.

Lachs mi Zucker-Zwiebeln

** > 15 €

Der Name beider Bücher „Gemütlich & genießen" sowie „Einladung zum Geschmack" kommt von einem Segeltörn mit 6 Freunden auf der Ostsee mit sage und schreibe 12 Windstärken. Meine Aufgabe war nicht nur das Segelboot vor dem Sturm zu halten, sondern als Smutje noch im sicheren Hafen die Mannschaft zu verpflegen. Im Vorfeld hatte ich mir stärkende aber einfache Gerichte ausgedacht.

1 Packung Graved-Lachs

40 g Zucker

40 g Salz

Dill

Olivenöl

8 rote Zwiebeln

Baguette

Die Zwiebeln putzen und in ganz feine Ringe schneiden. In einer Schüssel die Ringe mit Salz und Zucker kräftig mit sauberer Hand durchkneten. Eine Stunde abgedeckt ziehen lassen. Die Zwiebeln sollten danach weich sein.

Die Zwiebelmasse auspressen. Saft über Bord schütten.

Auf einer Scheibe Baguette etwas Lachs legen. Zwiebeln darauf erteilen. Mit etwas gerupften Dill garnieren. Den Gästen als Amuse Gueule reichen.

Kochwettbewerb 2012 – Dritter Platz in Deutschland

Schnelle Fischsuppe

* > 10 €

Wenn ich in meinem Buch von „Fischpaste schreibe, wann gehe ich nicht von meiner Devise <u>frisch sollte es sein</u> ab. Manche Produkte sind heute zu Tage so gut was die Herstellung und das Produkt an sich angeht, dass ich das gut mit meinem Kochgewissen vereinbaren kann.

So die hier vorgestellte „Krebs-Paste" von Langbein. Im Handel für unter 2,00 € erhältlich.

Für zwei Suppen benötigt man:

50 g Fisch-Paste von Langbein

15 Scampi oder Garnelen

Schuss Worcestersauce

Salz und frischer Pfeffer

Sahne

Schnittlauch

Wasser

Eine Fischsuppe selbst zu bereiten ist relativ teuer. Für zwei Portionen kann gern 30 € ausgegeben werden. Es geht auf die Schnelle auch günstiger.

Das Wasser zum Kochen bringen. Fisch-Paste einrühren und auflösen lassen. Mit Pfeffer und Salz je nach Geschmack nachwürzen. Mit Worcestersauce den Geschmack anheben. Sahne unterheben.

Den Fisch gründlich waschen und zum Garen in die Suppe legen.

Je mehr die Suppe reduziert wird, umso intensiver kommt der Fischgeschmack hervor. Ich gönne es mir, dass ich genau aus diesem Grund zwei Einheiten der Paste verwende.

Mit Schnittlauch-Röllchen garnieren.

Um die Suppe als Amuse Gueule reichen zu können, fülle ich sie in ein Bügelglas und drapiere den Fisch mit einem Holzstab.

Wer gerne größere Mengen zubereiten möchte, kann im Gastro-Fachhandel wie Metro eine große Dose erwerben.

„De Elbe is aver vandaag vull kabbelig."

Nudelwurst für Kinder-Partys

* > 5 €

Wiener

Rohe Nudeln

Wasser

Die Würstchen in mundgerechte Stücke schneiden. Die noch ganze aber unbedingt rohe Nudel vorsichtig durch das Wurststück schieben. Wenn die Nudel ca. 6 cm an beiden Seiten raushängt, einfach abbrechen. Diesen Vorgang ca. dreimal wiederholen.

Die Nudelwürste für die Kinderparty 7 Minuten im warmen Wasserbad ziehen lassen. Mit selbst gemachtem Cuppyketschup reichen.

Champignons, karamelisiert

* > 5 €

1 Dose Champignons

2 Knoblauchzehen

80 g Butter

Salz und frischer Pfeffer

5 EL Honig

3 EL Balsamico

1 EL Kräuter der Provence

20 Kapern

Die Champignons abgießen und trocknen lassen. In einer Pfanne die Butter schmelzen lassen und die Pilze kurz erwärmen. Jetzt erst den gehackten Knoblauch hinzugeben sowie reichlich Kräuter der Provence. Hier verweise ich auch auf die Kräuter-Mischung in diesem Buch.

Den Balsamicoessig hineingeben und die Pilze in der Pfanne schwenken. Sie nehmen recht schnell Farbe an. Honig hinzufügen und die Pilze karamellisieren. Pilze herausnehmen und einzeln liegend abkühlen lassen.

Aus dem Food-Pairing Wissensteil wissen wir, dass Kapern und Pilze gut zusammen passen.

Als Amuse Gueule - übersetzt „Gruß aus der Küche" - sind beide Zutaten sehr geeignet.

Kapern fein wiegen (schneiden). Einen Pilz mit einem Hauch Kapern auf einen Göffel drapieren.

Eine Party kann nicht schöner beginnen als mit einer Kleinigkeit zum ersten Gläschen Sekt.

Tomaten-Mozzarella

Übersetzt „Gruß aus der Küche". Eine Party kann nicht schöner beginnen als mit einer Kleinigkeit zum ersten Gläschen Sekt.

* > 5 €

1 Fleischtomate

1 Scheibe Mozzarella

1 Blatt Basilikum

Balsamico-Kaviar (Buch 1)

Zucker

Eine ganz dünne Scheibe von der Tomate auf einen kleinen Teller oder Untersetzer legen. Mit Zucker beträufeln.

Die Fachmärkte bieten seit Jahren verschiedene Mozzarella an. Neu jetzt auch als „Stange". Eine kleine Scheibe davon auf die Tomate legen. Ein schönes Blatt Basilikum drapieren und meinen Balsamiko-Kaviar verteilen.

Fischstäbchen-Bälle

** > 10

Ich mag Fische die schon viereckig wachsen. Macht die Sache denkbar einfacher. Hin und wieder überkommt mich ein Hiper auf Fischstäbchen. Schön knusprig gebraten mit Zitronensaft beträufelt.

Neulich hatten wir einen Anlass für eine Party. Beim Durchstöbern meiner Rezept-Sammlung in Papierform tauchte dieses Rezept wieder auf. Ich habe es als Amuse Gueule gereicht.

15 Fischstäbchen

Etwas Paniermehl

Zitrone

Schuss Worcestersauce

Frischer Pfeffer

1 Eigelb

3 Stängel Petersilie

Butter, besser meine Nussbutter aus „Gemütlich & genießen"

Die Fischstäbchen noch gefroren mit Butter nicht zu lange in einer Pfanne gar braten.

In diesem Zustand mit einer Gabel zu Mus zermatschten. Mit frischem Pfeffer und ordentlich Worcestersauce würzen. Das Eigelb unterheben.

Von der Masse Kügelchen, etwas größer als Kirschen, formen. Wenn Sie es mit der Hand machen, dann ist eine feuchte Hand hilfreich.

Weitere Butter in der Pfanne zerlassen. Die Bällchen jetzt so lange braten bis sie richtig braun aussehen und eine feste Konsistenz aufweisen.

Zitronensaft rüber träufeln. Noch in der Pfanne mit gehackter Petersilie garnieren.

Ich habe sie mit einem Holzspieß mit etwas Honigsenf, Rezept in „Gemütlich & genießen", gereicht.

Auberginenpaste   (Mirza Ghassemi – Persien)

Ich mag keine Auberginen. Sie schmecken meines Erachtens an sich nach nicht viel. Trotzdem muss doch etwas daran sein, dass viele Länder auf der Welt häufig mit Auberginen arbeiten.

Viele haben mich an meinem Marktstand, an dem ich hin und wieder meine Bücher vertreibe, gefragt, woher ich meine ausgefallenen Rezepte bekommen würde.

Bei uns im Haus ist ein Kiosk mit einem persischen Inhaber, „Reza". Netter Kerl. Beim Klönschnack über die Ladentheke hat er mir sein Gericht erzählt und dann gleich noch eine kleine Probe über den Ladentisch geschoben.

3 Auberginen

1 kg Tomaten

10 TL Olivenöl

2 Zwiebeln

Knoblauchpaste

1 TL Kurkuma

3 Eier

Salz und frischer Pfeffer

Auberginen schälen um sie in ca. 3 cm dicke Scheiben zu schneiden. Sie auf ein Blech legen und reichlich mit Salz bestreuen. Nach kurzer Zeit, ca. halbe Stunde, fangen sie an zu schwitzen. Das Wasser wird entzogen.

Die Tomaten kreuzweise ein schlitzen, kurz in heißes Wasser legen um sie zu schälen.

Die trocken geputzten Auberginen bei 200 Grad mit Olivenöl im Ofen goldbraun backen.

Zerkleinern und auf einem Sieb 10 Minuten abtropfen lassen.

Öl in einer Pfanne erhitzen und die Auberginenmasse braten; anschließend die zerkleinerten Tomaten dazugeben. Alles vermischen. Mit Knoblauchpaste und Kurkuma würzen.

Mit Salz und frischem Pfeffer abschmecken.

Die Paste reiche ich gern mit Naan-Brot, Zubereitung in diesem Buch beschrieben, als Amuse Gueule.

Tipp: Knoblauchpaste hält sich sehr lange im Kühlschrank.

Erfrischendes für Salat

Vinaigretten und Gutschein „vomFass"

Auf der ständigen Suche nach außergewöhnlichen Geschmäckern und tollen Rezeptideen war es eigentlich nur eine Frage der Zeit, bis die Tür von „*vom*FASS" aufgestoßen werden musste. Mittlerweile bin ich schon 15 Jahre Kunde und kenne das Angebot recht genau.

Dass jetzt durch meine beiden Bücher mal eine enge Zusammenarbeit entstehen würde, konnte ich damals nicht ahnen.

Bei der Idee „*vom*FASS" fasziniert mich, kleine Mengen von selbst hergestellten Ölen und Essigen erwerben zu können. Ich kann recht leicht 83 Gewürze zu Hause lagern, bei einer großen Anzahl von Ölen und Essigen ist es da nicht so einfach. Hier kann ich ganz nach meinen Wünschen ab 100 ml jeglicher Menge mitnehmen und was ich ganz toll finde, vorher vor Ort probieren. Nicht jeder Essig trifft jeden GESCHMÄCKLE!

*vom***Fass**.de 

Einige Salat-Dressing Kreationen von Ingo Stein aus Niendorf darf ich verraten.

Nudelsalat mit Thunfisch

Zutaten:

500 g Nudeln

Rucola

ca. 250 g – 300 g Cocktailtomaten

500 g Naturjoghurt

1 Dose Thunfisch (Natur ohne Öl)

50 ml VOM FASS Trauben-Balsam-Essig

25 ml VOM FASS Limonenöl

1 Handvoll geröstete Pinienkerne

1 EL VOM FASS Dijon Senf

Salz, Pfeffer

Zubereitung:

Nudeln nach Packungsanleitung kochen, abgießen und in eine Schüssel geben. Mit dem Trauben-Balsam-Essig und Limonenöl marinieren und eine Stunde ziehen lassen. Anschließend Joghurt, abgetropften Thunfisch, Dijon Senf, Salz und Pfeffer untermischen. Den Rucola waschen, eventuell zerkleinern sowie die gewaschenen halbierten Cocktailtomaten und die gerösteten Pinienkerne vorsichtig unterheben, mind. zwei Stunden ziehen lassen ggf. noch einmal abschmecken.

Frischer Salat mit Mango

Zutaten:

1 kleiner Eisbergsalat

1 kleiner Friséesalat

250 g Champignons

1 Mango gewürfelt

2 Schalotten gewürfelt

4 EL VOM FASS Wildmango Balsam Star

5 EL VOM FASS Traubenkernöl

4 EL VOM FASS Haselnuss- oder Arganöl

1 gehäuften TL süßen Senf

Salz, Pfeffer, frische gehackte Kräuter (z.B. Petersilie, Schnittlauch,...)

Zubereitung:

Salat waschen und in mundgerechte Stücke zerpflücken. Schalotten und Kräuter fein hacken und mit der gewürfelten Mango zum Salat geben.

Die geputzten Champignons, halbieren oder vierteln und in einem EL Traubenkernöl anrösten und ebenfalls zum Salat geben.

Wildmango Balsam Star, Traubenkern-, Haselnuss- bzw. Arganöl, den süßen Senf sowie Salz und Pfeffer gut miteinander verrühren und über den Sommersalat geben und vorsichtig vermengen.

Quinoasalat mit Feta und Oliven

Zutaten:

250 g Quinoa

ca. 10 getrocknete Tomaten in Öl

150 g Feta

2 Frühlingszwiebeln

60 g entsteinte Oliven

1 handvoll gemischte Kräuter

3 EL VOM FASS Basilikumöl

3 EL VOM FASS Granatapfel-Balsam Essig

1 Knoblauchzehe

Salz, Pfeffer

ggf. VOM FASS Argan- oder VOM FASS Schwarzkümmelöl

Zubereitung:

Quinoa nach Packungsanleitung zubereiten, mit einer Gabel auflockern und auskühlen lassen.

Getrocknete Tomaten abtropfen lassen und klein schneiden, Feta zerbröseln, Frühlingszwiebeln in Ringe, Oliven in kleine Stücke schneiden, die Kräuter hacken. Alles mit dem Quinoa vermengen.

Basilikumöl, Granatapfel-Balsam Essig, klein gehackte Knoblauchzehe, Salz und Pfeffer gut verrühren und den Quinoasalat damit marinieren.

Tipp: Argan- oder Schwarzkümmelöl über den Quinoasalat geträufelt verleiht ihm ein orientalisches Flair.

Vinaigrette, klassisch und Variation

Vinaigrette ist französisch und meint übersetzt „ESSIG". Wer hätte das gedacht. Die klassische sollte die Geschmacksrichtungen Essig, Senf, Zucker und Öl ausweisen.

Zusätzlich werden frischer Pfeffer und kleine Schalotten hinzugefügt.

1/ 2 Schalotte

4 EL guten Essig

½ EL Senf

Salz und frischer Pfeffer

1 TL Zucker

8 EL Olivenöl

An sich würden alle Zutaten sich nicht von selbst verbinden. Also einfach mal so zusammen schütten reicht nicht.

Alle Zutaten in ein hohes Gefäß geben. Mit dem Zauberstab ca. 3 Minuten immer von unten nach oben mixen.

Eine keine Erleichterung bietet hier noch ein ganz kleiner Schuss richtig heißen Wassers.

Eine weitere *Variante* einer Vinaigrette wäre.

5 EL Olivenöl

5 EL Balsamicoessig

1 EL Sojasoße

5 EL Orangensaft, frisch gepresst

1 TL Senf, körniger aus Bayern

1 ½ EL geriebener Ingwer

2 Knoblauchzehen

Salz und frischer Pfeffer

Die Zubereitung ist die Gleiche.

Steirische *Variante*

1 EL Traubenkernöl

2 EL Balsamicoessig

Schuss Wasser

1 EL Honig

0,5 EL Estragon Senf

Salz und frischer Pfeffer

Passt sehr gut zu Blattsalat

An dieser Stelle eine Bitte: Lieber selbst eine Vinaigrette herstellen als die fertigen Flaschen aus dem Supermarkt leeren.

 facebook.com/buch.kombuese

 @twitter.com/Buchkombuese

 easysale@web.de

Wassermelone mit Feta

* < 5 €

1 Wassermelone

Feta Block

1 Bund Minze, frisch vom Markt

Minze hacken. Melone in mundgerechte Stücke schneiden. Auf die Kerne achten. Mit Minze alles vermengen und für 30 Minuten kühl stellen. Wer möchte, kann vor dem servieren noch etwas gutes Olivenöl verwenden.

Schafskäse, gebacken

* < 5 €

Grillkäse bzw. Schafskäse gibt es schon einige Jahre. Natürlich habe ich den auch ausprobiert; bin jedoch nicht überzeugt. Ich empfinde das, als wenn ich auf Gummi rumkauen müsste. Deswegen habe ich dieses Rezept entwickelt.

Block Schafskäse

2 Paprika

2 saftige Tomaten

Knoblauchzehen

1 TL Oregano

1 TL Spanisches Paprikapulver

Salz und frischer Pfeffer

10 EL Olivenöl

Chili

250 g geriebener Hartkäse

Tomate zerkleinern, zusammen mit Chili, Knoblauchzehen mixen. Käse mit Öl bestreichen und in eine feuerfeste Form legen. Die Masse mit den anderen Zutaten würzen und gleichmäßig auf dem Käse verteilen. Oben den Hartkäse verteilen.

Alles bei 200 C 20 Minuten im Ofen überbacken.

„De Elbe is aver vandaag vull kabbelig."

Trockentomaten herstellen

* > 10 €

8 Tomaten

1 Bund Basilikum

Zucker

4 Knoblauchzehen

Olivenöl

Salz und frischer Pfeffer

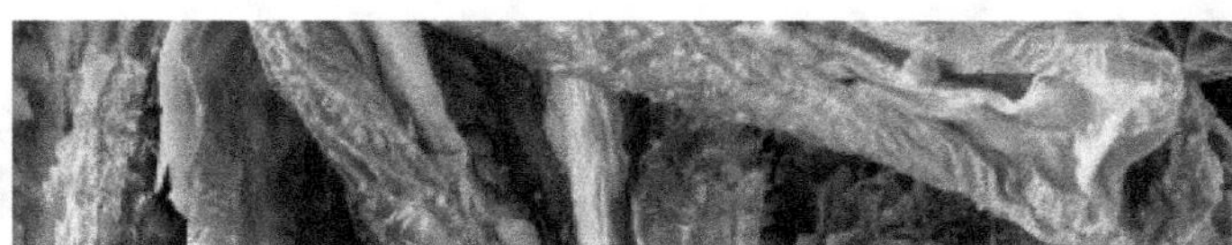

Tomaten vierteln und vom Kerngehäuse entfernen. Die Tomatenstücke auf ein Blech ausbreiten. Salz und frischen Pfeffer verwenden. Das Basilikum klein rupfen, Knoblauch fein schneiden und beide Zutaten auf die Tomaten verteilen. Alles Zuckern und final mit Olivenöl beträufeln.

Bei 80 Grad im Ofen mindestens 2 Stunden trocknen lassen.

Der Geschmack der Tomaten hat sich drastisch verändert. Ich lege sie gern in einem Bügelglas ein und bedecke sie mit Olivenöl. Herrlich für selbst gemachte Pizza.

Mozzarella-Bällchen, frittiert

* < 5 €

Mozzarella gibt es diversen Sorten und Formen. In meinem ersten Buch habe ich allein drei Rezepte vorgeschlagen. Bei meinen Streifzügen über die Hamburger Wochenmärkte bin ich neulich richtig überrascht worden. Hier das nachgestellte Rezept.

20 Kugeln Mozzarella

3 Eier

Pankow Mehl

Salz und frischer Pfeffer

Worcestersauce

5 EL Mehl

Rapsöl

Mozzarella schmeckt wie Mozzarella halt schmeckt; so gut wie nach nichts.

Die Flüssigkeit von der Verpackung abgießen. Kugeln noch nass in normalem Mehl wälzen bzw. rollen.

Mit Pankow Mehl, Ei eine klassische Panierstraße einrichten. Das Ei mit Worcestersauce, Salz und frischem Pfeffer würzen.

Die Mozzarella Kugeln in Ei und anschließend in Pankomehl wälzen. Zum trocknen bei Seite legen.

Das Rapsöl auf 190 C, mehr als beim Frittieren, erhitzen. Es wird 190 C benötigt, da der Käse nicht zerlaufen soll.

Die Bällchen mit einer Gabel in das heiße Öl legen und ca. 2 Minuten frittieren. Abtropfen lassen.

Belugalinsen-Lauch-Salat (Helgoland)
* > 5 €

100 g Belugalinsen

Handvoll Lauchstreifen

1 rote Paprika

Etwas Mais

Salz und frischer Pfeffer

2 EL Essig

2 TL Zucker

4 EL Olivenöl

1 EL Maggi Würze

Wasser

Die Linsen ohne Salz in Wasser gar kochen. Mit Salz würden die Linsen nicht garen. Den Lauch in feinste Streifen schneiden. Ebenso die Paprika in feinste Würfel. Das Maisdosen Wasser abgießen.

Die nun abgekühlten Linsen mit den vorgenannten Zutaten vermengen. Salz, frischen Pfeffer, Essig und Maggi Würze hinzugeben. Vorsichtig den Geschmack mit Zucker heben.

Kühl lagern. Hält sich so gern eine Woche.

Orangen-Salat (Spanisch)

* < 10 €

2 Orangen für einen Teller

Krümelsalz

Frischer Pfeffer

5 EL Olivenöl

1 Fenchelknolle

Orangen von der Schale befreien und in ca. 0,5 cm dicke Scheiben schneiden. Schön auf einen runden Teller legen.

Fenchel von den äußeren Blättern befreien und kleine Stücke (Kapern groß) schneiden. Über die Orangen streuseln.

Den Teller mit Krümelsalz würzen und mit reichlich gutem Olivenöl beträufeln. Kühl aufbewahren und dann nur noch genießen.

Bulgur-Salat (Kisir) (Türkisch)

Esse ich nicht ... kenne ich nicht! Das gilt für dieses Rezept nicht. Ein Salat der jeden Tag immer besser schmeckt und wahrlich für Grillabende oder an heißen Tagen genau richtig ist.

Bulgur ist vorgekochter Weizen der anschließend getrocknet und zerkleinert wurde. Er gibt einen nussigen Geschmack ab.

* >10 €

Bulgur

2 Tassen Wasser

1 Zwiebel

1 Paprika

1 Möhre

2 Knoblauchzehen

Salz und frischer Pfeffer

1 EL Paprikapulver

1 TL Zucker

Petersilie

Eine Kaffee Tasse Bulgur in eine Schüssel geben und 2 Tassen heißes Wasser zugeben. Umrühren und ca. 20 Minuten quellen lassen. Der Bulgur wird das ganze Wasser aufnehmen.

Nachdem das geschafft ist, was ja wahrlich noch nicht so schwer war, das Gemüse zubereiten. Zwiebeln in Würfel schneiden und glasig anbraten. Danach feine Würfel Paprika und Karotten zugeben. Nach 3 Minuten Knoblauch hinzugeben.

Jetzt den leckeren Ajvar, etwas Tomatenmark zum Bulgur geben und zusammen mit dem Gemüse alles vermengen. Abkühlen lassen.

Jetzt mit Salz, frischem Pfeffer, Olivenöl und Essig sowie gerupfter Petersilie würzen.

Gern noch Paprikapulver und Chilischote sowie Zucker verwenden.

An sich ist der Salat jetzt schon fertig. Nur wer das türkische Essen kennt, weiß auch, dass Garnitur immer angesagt ist.

„Ik nehm n' Franzbrötchen und n' Koffje.“

Aus Fleisch oder Tomate zur Consommé

Klare Suppe herstellen

** > 15 €

1 kg Rindfleisch bzw. Suppenfleisch

(Brust, Rippe, Beinscheibe)

1 kg Knochen vom Rind

2 Bund Suppengrün

3 Lorbeerblätter

5 Pimente

5 Wachholderbeeren

10 Pfefferkörner

2 Zwiebeln

Soll die Suppe schmecken, Fleisch immer ins heiße Wasser geben. Soll das Fleisch schmecken, ins kalte. Hier wird beschrieben, wie eine klare Brühe hergestellt wird. Also nutzen wir den Effekt des kalten Wassers.

Fleisch und Knochen in 4 Liter kaltes Wasser geben um es aufkochen zu lassen. Das Eiweiß wird gelöst und schwimmt auf dem Wasser. Es muss abgeschöpft werden.

Die Hitze reduzieren. Suppe ohne Salz simmern lassen.

Suppengrün ungeschält grob zerschneiden. Wacholderbeeren, Piment und die Pfefferkörner mit einem Mörser oder dem Messerrücken abdrücken. Lorbeerblätter zerbröseln. Ich nutze einen „Brühsack"; so können die Kleinigkeiten später einfacher entfernt werden. Ein leerer Teebeutel geht auch. Alles zur Suppe geben.

Die Zwiebeln mit Schale halbieren, um sie in einer Pfanne ganz dunkel anzurösten. Je dunkler desto besser. Sie sorgen später in der Suppe für eine dunklere Farbe. Ebenfalls zur Suppe geben.

Nach 2-3 Stunden das Gemüse und den" Brühsack" entfernen. Fleischstücke herausnehmen. Abkühlen lassen.

Die Fleischstücke von nicht gewollten Resten säubern. Die Flüssigkeit durch ein Sieb geben. Die Fleischstücke wieder hinzugeben. Jetzt erst mit Salz abschmecken.

Ab diesem Moment kann die Suppe zu einer Kraftbrühe weiterverarbeitet werden.

Consommé, selbst hergestellt   (Keine Zauberei)

Viele die ich kenne und mit denen ich über das Kochen philosophiert habe, zucken zusammen, wenn es um die Herstellung einer Consommé geht. Sie ist denkbar einfach.

Im Vorfeld wurde eine Fleischbrühe hergestellt. Im Buch „Einladung zum Geschmack" finden Sie ein Rezept.

800 g Rindfleisch

1 Portion Hühnerklein

1 zusätzliche Möhre

3 Stangen Lauch

1 Eiweiß

Mageres Fleisch und Hühnerklein fein hacken. Möhre und Lauch in Würfel schneiden. Eiweiß herstellen. Alles gut vermengen. Die Masse unter ständigem Rühren in die vorbereitete <u>kalte</u> Fleischbrühe hineingießen. Langsam unter ständigem Rühren die Suppe erhitzen.

Sobald die Flüssigkeit zu kochen beginnt, den Herd runterstellen. Kleinste Einstellung wählen und 1,5 Stunden abgedeckt leicht siedend stehen lassen.

In der Zeit vermischt sich die Fleischbrühe mit den sonstigen Zutaten. Sie ist jetzt eine Kraftbrühe.

Alles durch ein Leinentuch gießen. Es sollte vorher angefeuchtet werden. Danach sollte die Kraftbrühe völlig klar sein.

Trick: Das Eiweiß sinkt zu Boden. Es hat dabei alle Trübstoffe aufgenommen und gibt sie in das Tuch weiter.

Jetzt kann die Suppe mit allen Zutaten gefüllt werden, die sie gern später zu sich nehmen möchten.

Tomatenconsommé

** > 10 €

4 große Zwiebeln

5 Knoblauchzehen

60 ml Olivenöl

1 kg Cherrytomaten

2 Dosen geschälte Tomaten

Salz und frischer Pfeffer

80 g Zucker

Basilikum

6 Eiweiß

Die Cherrytomaten und Zwiebeln in Würfel schneiden. Knoblauch klein schneiden. Alles mit Olivenöl anschwitzen. Dosentomaten hinzufügen. Aufkochen lassen und mit Salz und frischem Pfeffer würzen.

Eigentlich gilt der Grundsatz, dass weiche Gewürze wie Basilikum erst kurz vor dem Anrichten hinzugefügt werden. Hier möchten wir den Geschmack in der Suppe finden und nicht mehr die Blätter sehen. Also Basilikum hinzu und ca. 50 Minuten köcheln; danach abkühlen lassen.

Die Tomatenmasse durch ein Leinentuch geben. Sollte das nicht vorrätig sein, kann auch ein Sieb mit Küchentuch verwendet werden. Die Masse gut abtropfen lassen.

Jetzt entsteht ein kleines Wunder.

Das Ei trennen. Das Eiklar vermengen und in die abgekühlte Flüssigkeit geben.

Den Topf wiederum erhitzen. Ständig umrühren. Sobald die Flüssigkeit kocht vom Herd ziehen. Weiterhin 2 Minuten rühren. Was passiert gerade?

Die Eiteilchen nehmen aus der Flüssigkeit die Trübstoffe auf, binden sie. Sobald sich der Schaum oben auf der Flüssigkeit abgesetzt hat, mit einem Schaumlöffel abheben. Es werden immer noch Teilchen zu sehen sein. Erneut durch ein Sieb geben ist die Devise.

Sie werden jetzt eine klare Tomatensuppe haben, die sogar leicht grünlich schimmert.

Ich lasse sie immer weiter einkochen. Dadurch verstärkt sich der Geschmack.

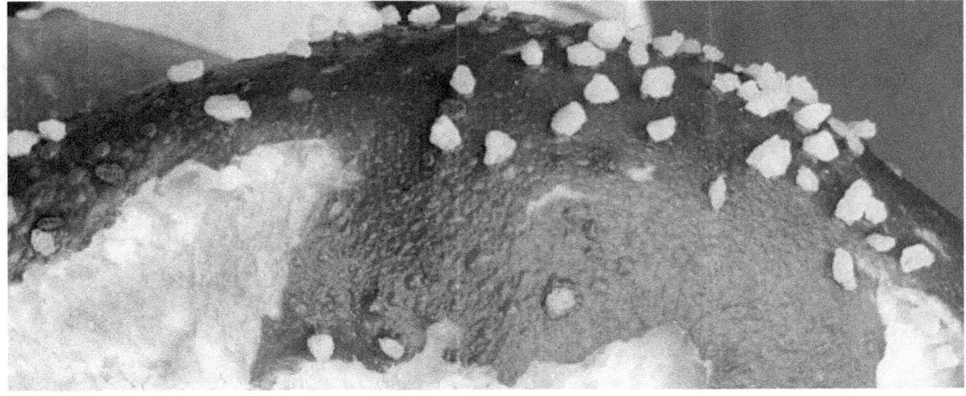

Kalt und warm von Suppen

Kalte Tomatensuppe   (Salmorejo / Andalusien)

Das Salmorejo kommt aus Andalusien. Ursprünglich war es eine Art Brotaufstrich. Die Tomaten sind erst im 19. Jahrhundert dazugekommen;

500 g reife Strauchtomaten

50 g Brot vom Vortag

60 ml Olivenöl

1 Knoblauchzehe

3 EL Sherryessig

1 Paprikaschote

Salz und frischer Pfeffer

Vom Brot die Kruste entfernen, in Stücke schneiden und mit dem Olivenöl Croutons herstellen. Danach im Ofen zusätzlich bei 160 Grad ca. 15 Minuten rösten.

Stielansatz von den Tomaten entfernen und vierteln. Die Tomaten mit dem restlichen Brot in den Mixer geben und kräftig zerkleinern. 15 Minuten ziehen lassen. Anschließend mit Olivenöl, Knoblauch, Salz und frischem Pfeffer würzen.

Ich mag es in der Konsistenz; mit kleinen Stücken. Gern kann alles durch ein Sieb gegeben werden.

Die Salmorejo kalt stellen.

Die Paprika in 3 cm große Stücke schneiden und zusammen mit den Croutons aufspießen.

Ochsenschwanzsuppe

*** > 15 €

1 kg Ochsenschwanzstücke

4 Zwiebeln

1 Bund Suppengrün

3 Knoblauchzehen

4 EL normales Öl

3 EL Tomatenmark

280 ml trockener Weißwein

2 L Wasser

3 Lorbeerblätter

2 Zweige Thymian

Salz und frischer Pfeffer

1 TL Cayennepfeffer

2 cl Sherry oder trockenen Portwein

Schnittlauchröllchen

Etwas Porree

Ochsenbackerl-Gulasch   18 €
Pepperonata | Schupfnudeln | Schmand

Ochsenschwanzstücke waschen und gut abtropfen. Zwiebeln grob würfeln. Suppengrün putzen und grob runter schneiden. Knoblauchzehen halbieren.

Einen großen Topf wählen. Die Ochsenschwanzstücke mit Öl von allen Seiten kräftig anbraten. Zwiebeln mit rösten. Ab diesem Zeitpunkt das andere Gemüse hinzufügen. Das Tomatenmark einrühren, damit eine Bindung entsteht. Mit Wasser aufgießen, die anderen Gewürze hinzugeben um alles bei kleinster Hitze ca. 2-3 Stunden köcheln zu lassen.

Die Fleischstücke mit einem Schaumlöffel heraus nehmen. Die restliche Flüssigkeit 2x durch ein Sieb geben. Abkühlen lassen. Das Fett setzt sich ab.

Die Zeit nutzen um das wertvolle Fleisch vom Schwanz abzulösen und kleinzuschneiden.

Fettschicht abheben.

Zum Servieren die Suppe mit Salz, Cayennepfeffer und frischem Pfeffer abschmecken. Zum Schluss Sherry wählen. Die Suppe sollte jetzt nicht mehr ziehen.

Schnittlauch in Röllchen schnippeln; ebenso etwas Porree.

Zwiebelsuppe   (Französisch)

Ich kann nicht mehr sagen wie viele Zwiebelsuppen ich in den verschiedensten Küchen-Qualitäten schon probiert habe; manche gingen, wenige waren gut und nur eine super gut. Das Rezept habe ich nach so einigen Anfragen erhalten.

** > 10 €

7 Gemüsezwiebeln (die ganz großen)

2 Knoblauchzehen

3 EL Kräuter der Provence

2 Würfel Fette Brühe

Wasser

Schuss Pernot

3 Spritzer Tabasco

Worcestersauce

60 g Butter

Olivenöl

100 l Weißwein

Salz und frischer Pfeffer

Die Zwiebeln sowie Knoblauch schälen. Da Zwiebel-Ringe gebraucht werden, an der Zwiebel eine kleine Scheibe abschneiden und die Zwiebel auf die Fläche stellen. Sie dient als Standfläche. Gleichmäßige Scheiben runter schneiden.

Die Butter sowie das Olivenöl erhitzen und die Zwiebelringe rasch anbraten, nicht dünsten. Im Topf muss sich am Boden eine dunkle Masse bilden. Das ist der karamellisierte Zucker der Zwiebel.

Sobald die Bräune vorhanden ist, mit gewünschter Wassermenge sowie Wein aufgießen. Brühwürfel hinzu geben. Sobald die Flüssigkeit köchelt, den Boden des Topfes mit einem Löffel sauberstreichen. Alle anderen Zutaten hinzugeben und ganz seicht 40 Minuten leise <u>mit Deckel</u> köcheln lassen.

Der Zwiebelsuppen-Geschmack sollte jetzt nach und nach kommen.

Wer möchte, kann eine Scheibe Toast in Form der Tasse oder des Tellers ausstechen und ganz trocken rösten. Ofen auf 200 C vorheizen. Auf den Toast genügend Reibekäse drapieren und ihn im Ofen schmelzen lassen.

Die Toastscheibe oben auf die heiße Suppe legen.

Buttermilch-Suppe mit Gurken

Ganz ehrlich! Wie lange haben Sie keine Buttermilch mehr gekauft und verköstigt? Das könnte sich im nächsten Sommer ändern.

** > 10 €

2 Salatgurken

2 Knoblauchzehen

150 g Schmand

500 ml Buttermilch

Hand voll frischer Dill

2 EL Zitronensaft

Salz und frischer Pfeffer

1 EL Zucker

Piment d`Espelette

Olivenöl

Gurken schälen und in kleine Stücke schneiden. Knoblauch putzen. Zu diesem Zeitpunkt Salz und frischen Pfeffer dazu geben. Zitronensaft und Zucker soll den Geschmack abrunden.

Mit Schmand und Buttermilch auffüllen um alles mit dem Mixer oder Zauberstab zu pürieren.

Vorsichtig mit Piment d`Espelette abschmecken.

Gefäß c. 3 Stunden kalt stellen.

Vor dem Anrichten mit Dill dekorieren.

Ich beträufele die Suppe gern mit Olivenöl.

Ideal für Grillabende bei heißem Wetter.

Grünkohlsuppe (Wintergericht)

** < 15 €

660 g Grünkohl aus dem Glas

5 Kartoffeln

3 Zwiebeln

3 Möhren

2 Knoblauchzehen

Butter

800 ml Rinderbrühe (Würfel)

200 g Schmand

100 ml süße Sahne

Muskat und Zucker

Salz und frischer Pfeffer

Worcestersoße

4 passende Würste

Kartoffeln, Möhren und Zwiebeln vorbereiten. Knoblauch nach dem Schälen hacken und leicht in Butter andünsten. Die anderen Zutaten ebenfalls dünsten. Das Glas Grünkohl in einen separaten Behälter abschütten, Flüssigkeit wird noch gebraucht, und dazugeben. Mit Brühe aufgießen. Ständig rühren; es muss alles gar werden.

Etwas vom Grünkohl herausnehmen, fein hacken und zur Seite stellen. Die Suppe jetzt mit einem Zauberstab ordentlich mixen.

Mit Salz, Pfeffer, Worcestersauce, Zucker und Muskat abschmecken. Die Würste und den restlichen Kohl dazu geben um alles bei wirklich schwacher Hitze ziehen zulassen.

Polnische kalte Gurkensuppe (Chlodnik ogorkowo)

** > 10 €

1 Salatgurke

2 Zwiebeln

2 TL Olivenöl

1 TL Zucker

350 ml fertige Gemüsebrühe

Tabasco

3 TL Zitronensaft

Salz und frischer Pfeffer

100 g Joghurt

Minze

Warmes Baguette

Gurke der Länge nach vierteln und die Kerne entfernen. Mit dem „Genius" in gleichmäßige Stücke schneiden.

Zwiebeln würfeln um sie in Olivenöl glasig anzuschwitzen. Gurkenstücke dazu geben. Den Zucker hinzugeben um ihn karamellisieren zu lassen. Mit der gewünschten Menge Brühe aufgießen um alles ca. 10 Minuten ziehen zulassen.

Mit Salz, Zitronensaft, Tabasco und frischem Pfeffer abschmecken. Alles pürieren. Im Kühlschrank ca. 3 Stunden abkühlen lassen.

Suppe auf einem tiefen Teller anrichten und etwas Joghurt als Klecks mittig garnieren.

Warmes Baguette reichen. Besondern gut an waren Sommertagen oder als Amuse Gueule.

Tom Kha Gai (Chinesisch)

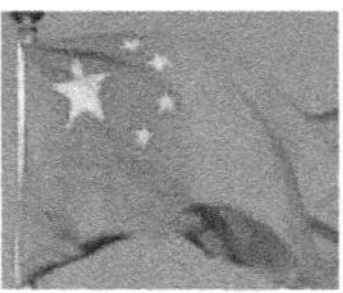

* > 5 €

2 Dosen Kokosmilch

250 ml Hühnerbrühe

Viele Zitronengras-Stangen

2-3 Chili

4 EL Fischsauce aus dem Asia-Laden

10 Limettenblätter

Fleischeinlage wie Hühnerbrust

1 Dose Champignons

2-3 Limetten

1 TL Zucker

10 cm Galant

1 Schuss Worcestersauce

Ein paar Glasnudeln

Die Zitronengras-Stangen mit dem Messerrücken recht lange klopfen. Anschließend die leckeren Stangen fein schneiden. Die Reste im Ganzen für die Suppe beiseite legen.

Die Brühe und die Hälfte der Kokosmilch erhitzen. Alles Zitronengras, den geschnittenen Galant, die Limettenblätter, geschnittenen Chili sowie die Champignons hinzugeben und leicht köcheln lassen. Je länger, desto intensiver schmeckt die Suppe; das ist das Ziel.

Das Hühnerfleisch in mundgerechte Stücke schneiden und ebenfalls zur Suppe geben. Alles mit Worcestersauce und Fischsauce sowie Zucker abschmecken.

Ein paar Glasnudeln mit einer Schere zerschneiden und direkt in der Suppe garen lassen.

Meerrettich-Suppe

* > 5 €

3 Schalotten

4 Kartoffeln

Butter

1 L Hühnerbrühe

Geriebener frischer Meerrettich

130 ml Sahne

2 Äpfel, säuerlich

Prise Muskat

Salz und frischer Pfeffer

3 Lorbeer Blätter

Schuss Worcestersauce

Hand voll Petersilie

Apfel in kleine Stücke schneiden. Schalotten würfeln. 3 von 4 Kartoffeln säubern und in kleine Würfel schneiden. Ich verwende gern den „Genius" dafür. 1 Kartoffel reiben.

Butter erhitzen, Wasser und konzentrierte Hühnerbrühe zugeben und kochen lassen. Sahne und Meerrettich zugeben. Mit allen Gewürzen verfeinern.

Die Suppe für kurze Zeit nochmals erhitzen und die geriebene Kartoffel einrühren.

Suppe wird dadurch etwas dicker bzw. sämiger.

Jetzt erst die Apfelstücke dazu geben. Mit Petersilie garnieren.

Mercimek Çorbası   (Türkische Linsensuppe)

** < 10 €

Keine Angst, wer keine Linsen mag ist hier trotzdem richtig. Die Linsen sind halt anders was Geschmack und auch Kochverhalten angeht.

In Hamburg Altona ist die Restaurant Vielfalt recht hoch. Ich gehe gern zu einem kleinen türkischen Imbiss der lediglich 14 Gerichte anbietet; die aber alle einen Hochgenuss dem Gaumen bieten. Die Suppe habe ich gleich dreifach bestellt. Danach war das Rezept meins!

½ L Gemüsebrühe (Würfel)

1 Kartoffel

1 Möhre

1 Zwiebel

250 g rote Linsen aus dem türkischen Supermarkt

1 Knoblauchzehe

Schuss Worcestersauce

Etwas Muskat

Salz und frischer Pfeffer

Einige Zitronenscheiben

1 EL Sherry Spice Aroma (aus meinem ersten Buch)

Türkisches Fladenbrot

Gemüsebrühe aufkochen. Einige Stücke Kartoffeln und Möhre zur Seite legen; sie sind die Einlage. Gewürfeltes Gemüse, noch nicht die Roten Linsen, Knoblauch und Salz hinzu fügen. Alles muss ca. 20 Minuten leise köcheln. Jetzt die Linsen zugeben. Das Gemüse sowie die Linsen sollte sich regelrecht aufgelöst haben. Ggf. mit etwas Wasser auffüllen, da die Linsen recht viel davon aufsaugen. Mit einem Zauberstab alles fein und cremig zu einer glatten Konsistenz mixen und abschmecken.

Minzbutter

1 EL Butter

1 EL getrocknete Nane Minze

Chili

Nana Minze gibt es auch im Tee Laden.

In einer Pfanne die Butter erhitzen; bitte nicht braun werden lassen. Minze und Chili hinzu fügen. Alles einmal aufschäumen lassen.

Die Suppe auf einen tiefen Teller schöpfen und alsTopping einen Kleks der Minz-Butter hinzu fügen.

Warum hat der Mensch, der ein wenig auf gute und frische Lebensmittel achtet, im Sommer weniger Hunger auf z. B. Grünkohl. Ich bin fest davon überzeugt, dass der Mensch das zu an Moment zu sich nehmen sollte, was die Natur in dem Moment uns schenkt. Nehmen wir z.B. Grünkohl. Er wird gern an kalten Tagen mit sehr viel Fett auf dem Teller verzehrt. Grund ist, dass der Körper im Winter mehr Energie / Verbrennung benötigt. Der Grund galt sicherlich zu Zeiten, in denen wir noch mit Pfeil und Bogen unterwegs waren. Trotzdem ist was dran.

Aus vielen Gründen ist es sinnvoll, möglichst **regional** angebautes und daher **saisonal** verfügbares Gemüse und Obst zu verzehren. Es schmeckt besser, vermeidet unnötige Umweltbelastung durch weite Transportwege und übermäßigen Wasserverbrauch beim Anbau in trockenen Regionen der Erde. Was zunächst wie eine Einschränkung klingt, bietet letztendlich die Möglichkeit, die Vielfalt im Wechsel der Jahreszeiten wieder neu zu entdecken.

Hier biete ich eine Übersicht über das, was wann zu welcher Zeit auf dem Wochenmarkt angeboten wird.

Gemüse	Jan	Feb	Mar	Apr	May	Jun	Jul	Aug	Sep	Oct	Nov	Dec
Blumenkohl					●	●	●	●	●	●		
Brokkoli						●	●	●	●	●		
Champignons	●	●	●	●	●	●	●	●	●	●	●	●
Fenchel						●	●	●	●	●	●	
Grünkohl	●	●									●	●
Gurke						●	●	●	●	●		
Kartoffel	□	□	□	□	□	●	●	●	●	●	□	□
Kohlrabi					●	●	●	●	●	●		
Kürbis	□	□						●	●	●	●	□
Mangold					●	●	●	●	●	●		
Möhren	□	□	□	□	□	●	●	●	●	●	□	□
Paprika							●	●	●	●		
Pastinaken	●	●	●	□					●	●	●	●
Rote Beete	□	□	□	□			●	●	●	●	●	
Rotkohl	□	□	□	□	□	●	●	●	●	●	●	□
Schwarzwurzeln	●	●								●	●	●
Spargel				●	●	●						
Steckrüben	□	□	□						●	●	●	●
Wirsingkohl	●	●	□			●	●	●	●	●	●	●
Zuckerschoten						●	●	●				

Obst	Jan	Feb	Mar	Apr	May	Jun	Jul	Aug	Sep	Oct	Nov	Dec
Apfel	□	□	□	□	□			●	●	●	●	□
Aprikose							●	●				
Birne								●	●	●	□	□
Heidelbeeren							●	●	●	●		
Erdbeeren					●	●	●					
Kirschen						●	●	●				
Pflaumen							●	●	●			
Rhabarber					●	●	●					
Wassermelone							●	●	●			
Weintrauben							●	●	●	●		

Salat	Jan	Feb	Mar	Apr	May	Jun	Jul	Aug	Sep	Oct	Nov	Dec
Chicoree	●	●	●	●						●	●	●
Eisbergsalat							●	●	●	●		
Endiviensalat					●	●	●	●	●	●	●	●
Feldsalat	●	●	●	●						●	●	●
Kopfsalat					●	●	●	●	●			
Radicchio	□	□						●	●	●	●	□
Rucola				●	●	●	●	●	●			

Vietnamesische Nudelsuppe (Pho Ga)

Das Rezept für die Pho Ga ist denkbar einfach. Genial lecker und wegen der Schärfe, die jeder selbst bestimmen kann, wärmend. Während in Vietnam die Suppe als Frühstück verzehrt wird und in Straßenküchen erhältlich ist, eignet sie sich für den heimischen Herd eher als schnelle Suppe.

Im Original Rezept wird eine kräftige Hühnersuppe hergestellt. Aber mal ganz ehrlich, wer kocht schon mit einem Huhn eine Suppe. Der Aufwand ist meines Erachtens sehr groß.

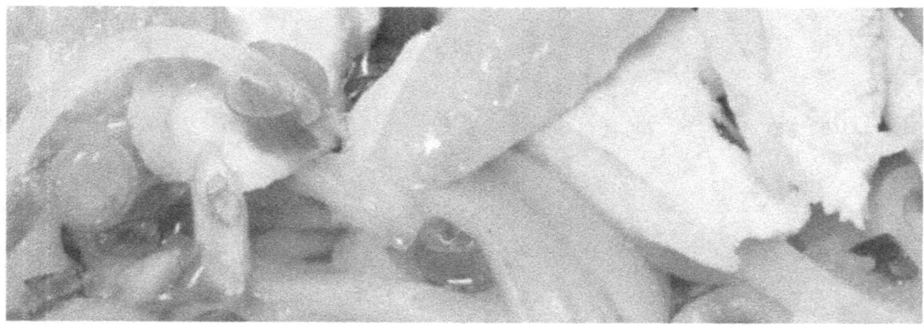

** > 10 €

220 g Hühnerfleisch

50 g Ingwer, frisch

2 Schalotten

Reisnudeln

1 Bund Koriander

1 Frühlingszwiebel

1 Limette

4 Spritzer Fischsauce

Chili

Frischer Pfeffer

100 g Mungbohnenkeimlinge

20 g Kandis

Salz

2-3 Liter Hühnerbrühe aus Konzentrat herstellen. Die Reisnudeln in kaltes Wasser einlegen. Schalotten fein würfeln, Koriander grob hacken. Frühlingszwiebel quer in Ringe schnippeln. Die Keimlinge waschen. Chili runter scheiden; achten Sie bitte darauf was Sie danach mit den Händen machen.

Das Hühnerfleisch 2 Stunden in den Froster legen. Herausnehmen und so angefroren mit einem scharfem Messer in dünne Scheiben schneiden.

Die Suppentasse im Ofen auf 60 Grad erwärmen. Die Keimlinge hineingeben, mit Suppe aufgießen und sofort das Fleisch hineingeben. Es gart direkt in der Suppe. Ihre gewünschte Menge an den restlichen Zutaten dazugeben. Hier kann natürlich mit dem Chili gespielt werden.

Nudeln einfügen. Mit der halben Limette ein fruchtiges Aroma erzeugen.

Steckrüben-Suppe (Nach 60 Jahren wieder in)

In meiner Vita habe ich geschrieben, dass ich 2012 drittbester Hobbykoch Deutschlands geworden bin. Hier ist das Rezept der Vorspeise.

Damals war die Steckrübe als Suppe noch völlig unbekannt. Im 2. Weltkrieg wurde diese als Gemüse zubereitet, da es kaum anderes Gemüse gab. Das erklärt auch, warum heutzutage die Steckrübe nicht mehr so "in" ist. Wenn ich heute über den Markt schlendere, sieht das ganz anders aus. Mittlerweile wird sie wieder an allen Gemüseständen angeboten.

Die Suppe ist denkbar einfach und ober lecker.

* > 10 €

1 große Steckrübe

Bund Petersilie

Salz und frischer Pfeffer

3 geräucherte Würste

4 Kartoffeln

3 Möhren

120 ml Sahne

30 g Butter

3 Rinderbrühwürfel

Schuss Worcestersauce

1 TL Muskat

Wasser

Die Steckrübe putzen und in gleichmäßige Stücke schneiden. Zwiebeln ebenfalls putzen und vierteln. Drei von vier Kartoffeln in ganz kleine feine Würfel schneiden. Ebenfalls die Möhren putzen.

Rübenstücke und Zwiebeln mit Butter andünsten. Mit Wasser auffüllen und gleich die Brühwürfel hinzugeben. Ca. 40 Minuten weich kochen.

Die Flüssigkeit mit einem Zauberstab gut durchmixen. Vorsicht: Spritzer sind sehr heiß.

Hier ist die Stelle, an der ich den alten Trick von meiner Oma niederschreibe. Die letzte Kartoffel roh reiben und in der Konsistenz in die Suppe rühren. Genau das bringt die Suppe nach oben.

Sahne und die Gewürze hinzufügen. Jetzt mal kurz abschmecken.

Die Würste hineinlegen und ca. 20 Minuten simmern lassen.

Jetzt die Möhren raspeln sowie die rohen Kartoffelstücke zugeben. Da sie ganz fein geschnitten sind, dürften sie mit der Restwärme garen.

Mit grob gerupfter Petersilie garnieren. Die lecke Suppe wärmt jetzt an einem kalten Wintertag so richtig durch.

Afrikanische Reissuppe

* < 10 €

In der Zeit 1974 – 1984 habe ich die Zeit bei den Pfadfindern sehr genossen. Bereits da habe ich schon die großen Töpfe gern für alle gefüllt. Bis heute ist die Notiz für diese Suppe in meinen Aufzeichnungen erhalten geblieben.

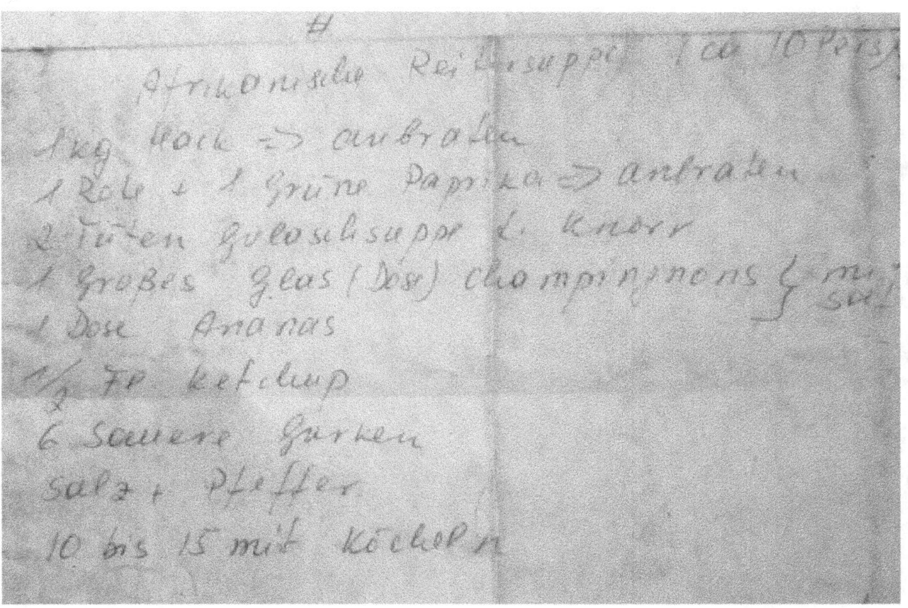

Ca. 45 Jahre alt

1 kg Hack halb und halb

Je 1 rote und grüne frische Paprika

3 Zwiebeln

2 Tüten Gulaschsuppe

1 Dose Champignons

1 Dose Ananas

½ Fl. Gewürz Ketchup

6 saure Gurken

Salz und frischer Pfeffer

Jede Menge gekochter Reis

Zwiebeln und Paprika putzen und in mundgerechte Stücke schneiden. Hack, Zwiebeln und Paprika scharf anbraten. Gurken zerkleinern. Alle anderen Zutaten hinzufügen. Ca. 30 Minuten köcheln lassen und mit Salz und frischem Pfeffer abschmecken.

Den Reis bissfest kochen. Ideal wenn ein Richtfest ansteht.

Fleischiges

Schweinebäckchen, geschmort Mein High light
** > 20 €

Warum sind die Schweinebäckchen bloß so zart? Das ist ganz einfach und simple erklärt. Ein Schwein steht herum, frisst und suhlt sich den ganzen Tag. Abgesehen vom Mittagsschlaf. Ergo wird das Fleisch des Schweinchens wenig bewegt. Das trifft auf die Backen nicht zu. Mund auf und Mund zu. Durch die Bewegung ist es später auf dem Teller bei Ihnen daheim so zart. Der Geschmack ist Ihr Werk.

1 kg Schweinebacke

4 Zwiebeln

4 Möhren

4 Knoblauchzehen

3 EL Olivenöl

3 EL Tomatenmark

400 ml trockener Rotwein

400 ml Rinderfond

Salz und frischer Pfeffer

3 Wachholderbeeren

4 Pfefferkörner

2 Lorbeerblätter

Sicherlich müssen die Schweinebacken beim Metzger vorbestellt werden.

Bäckchen putzen. Zwiebeln, Möhren und Knoblauch klein schneiden. Das Fleisch in 1 EL Olivenöl kräftig von allen Seiten anbraten. Aus dem Topf nehmen. Im gleichen Topf das Gemüse rösten, um es mit dem Tomatenmark zu binden. Mit der Hälfte des Rotweines ablöschen. Ist der deutlich reduziert, mit dem restlichen Wein und dem ganzen Fond nachfüllen. Bäckchen wieder rein legen.

Jetzt Salzen und Pfeffern, Lorbeerblätter nicht vergessen. Wachholderbeeren mit dem Messerrücken andrücken und ebenfalls dazu geben. 2,5 – 3 Stunden leise schmoren lassen. Ab und zu rein sehen, den Geruch schon mal testen und umrühren.

Nochmals abschmecken. Soße mit kalten Butterflocken binden.

Senf-Zwiebel-Kräuterkruste   (Helgoland)

**** > 5 €**

Es ist schon zur Manie geworden. Ständig, wenn ich eine Speisekarte sehe, schlägt mein Koch- und Autorenherz höher. So auch bei einem erneuten Besuch in der „Hanse Kogge" auf Helgoland im August 2020.

Rumpsteak „Plancha" mit Senf-Zwiebel-Kräuterkruste etwas Weißwein – Sahne – Demi Glace – feinen Bohnen – Kroketten(1,9,13,C,0)   22,50€

Eine Demi Glace kann und möchte ich hier nicht beschreiben. Da wage ich mich nicht ran. Interessanter klingt da schon Senf-Zwiebel-Kräuterkruste. Also eine Mail an R. Schürmann von der Hanse Kogge schreiben und die Zutaten waren bekannt. Ja, die Zutaten sagt der Name bereits aus, nur … wie bekommt das Rumpsteak die Kruste?

50 % Löwensenf

50 % Kühne-Senf

Frischer Pfeffer

3 Knoblauchzehen

30 g Butter

Die beiden Senf-Sorten vermischen. Knoblauch putzen und in Scheiben schneiden. Die Hälfte in einer Pfanne goldgelb braten. Bitte nicht zu lange, da sie sonst bitter werden.

Den Pfannen-Knoblauch und die restliche Menge des anderen hacken um alles zu vermischen.

Das Rumpsteak in gewünschter Weise herstellen. Die Senf-Mischung muss erwärmt werden. Würde sie auf das fertige Steak als „Deckel" gelegt werden und dann Oberhitze im Ofen bekommen, würde das Steak nicht mehr den ge-wünschten Garpunkt haben. Ich bediene mich daher eines kleinen Tricks!

Die Senf-Masse in einen Küchenring geben. Der sollte bereits auf einem Backblech stehen. Anschließend das Blech für 10 Minuten bei 180 C in den Ofen schieben.

Ring vorsichtig abnehmen und die feste Masse mit einer Palette abheben, um sie auf das Steak zu legen. Schon haben wir den gleichen Effekt wie auf dem Profi-Teller.

Trotzdem hätte ich gern einen Salamander in meiner eigenen Küche.

Saltimbocca Alla Romana   (Spring in den Mund)

Saltimbocca heißt übersetzt „Spring in den Mund".

** > 15 €

Pro Person

1 Stück Schweinefilet

1 Scheibe Serrano-Schinken

3 Blätter Salbei

1 Tüte Krümelsalz

80 g Butter

Olivenöl

2 EL Senf

3 Zweige Rosmarin

Salz und frischer Pfeffer

Backpapier

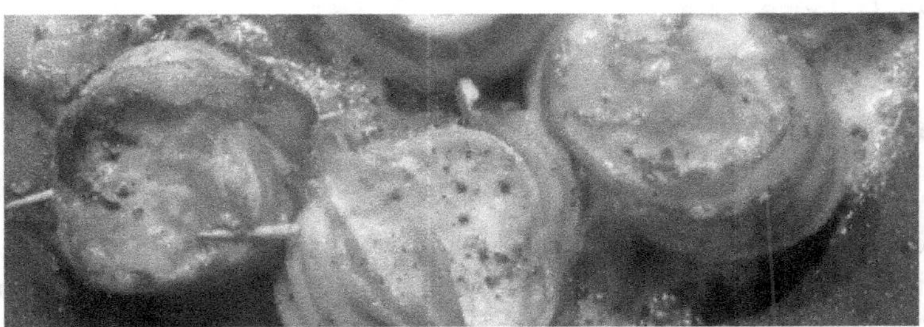

Das Filet putzen und in gleichmäßige Stücke schneiden. Mit frischem Pfeffer bestreuen und mit Senf einreiben. Die Salbeiblätter außen um das Fleischstück „kleben". Den Schinken außen herum rollen. Sollte eine Schinkenscheibe nicht reichen, kann gern eine weitere genommen werden. Die so entstandene Filetscheibe mit Küchengarn rund schnüren.

Auf einen einfachen Aluminium-Bräter Backpapier legen. Hierauf wiederum eine ca. 1 cm dicke Krümelsalz-Schicht.

Die Fleischstücke gleichmäßig verteilen. Auf die freien Flächen Rosmarinzweige geben. Alles ca. 30 Minuten bei 160 Grad in den Ofen schieben.

Mit dem sogenannten Fingerdruck-Test prüfen, ob das Fleisch gar ist.

Butter und Olivenöl in einer Pfanne schaumig erhitzen. Die Saltimbocca-Stücke ganz kurz Farbe ziehen lassen. Nicht mehr als 30 Sekunden pro Seite.

Das Fleisch kurz heraus nehmen. Einen Schuss Weißwein in die Pfanne geben und mit einem Rührbesen den Bratenansatz lösen. Sollte die Soße durch den Schinken noch nicht salzig genug sein, etwas nachhelfen.

Das Fleisch auf einen Teller legen und mit Bratensoße überträufeln.

Garnelen in Brathering-Marinade

* < 10 €

Es müssen nicht immer Bratheringe sein.

1,5 L Wasser

2 EL Zucker

1 TL Salz

2 EL Senfkörne oder Senf Kaviar aus dem ersten Buch

3 Lorbeerblätter

1 EL Pfefferkörner

1 TL Piment

1 TL Instant Gemüsebrühe

5 Zwiebeln

160 ml Balsamicoessig

Zwiebeln vierteln. Piment und Pfeffer grob zerstoßen und kurz rösten.

Alle Zutaten außer dem Essig 5 Minuten köcheln lassen. Gelegentlich umrühren. Der Zucker muss sich ganz auflösen. Final den Essig hinzufügen und kurz aufkochen lassen. Topf vom Herd ziehen. Handwarm halten.

Die Garnelen waschen, Darm entfernen und trocken tupfen. Die Garnelen normal in der Pfanne mit Butter garen, anschließend in den Sud legen und kühl ziehen lassen.

Dazu passen Pellkartoffeln.

Bouillabaisse (Französische Fischsuppe)

Bevor ich eine gute Bouillabaisse in Straßburg genießen durfte, war ich der Meinung, dass ich einen Fischfond benötige. Nein! Wenn die Zutaten frisch sind, die Tomaten den Geschmack abgegeben haben, entsteht in Zusammenhang mit dem Fisch eine leckere Suppe.

*** > 40 €

2 Zwiebeln

3 Knoblauchzehen

10 Stängel Petersilie

700 g saftige Tomaten

6 EL Olivenöl

4 kleine Dosen Safran

Salz und frischer Pfeffer

5 Lorbeerblätter

6 Lauchzwiebeln

1 Kg Fisch

Je Teller eine Kartoffel

2 Baguettes

2 cl Weinbrand pro Teller

Die Petersilie waschen und in Stücke zupfen. Zwiebeln und Knoblauch putzen und in mundgerechte Stücke schneiden. Knoblauch bitte nie pressen! Die Tomaten vierteln.

Im Olivenöl zunächst die Zwiebeln und den Knoblauch andünsten. Dann die Tomatenstücke und den Safran dazugeben. Mit Salz und frischem Pfeffer sowie dem Lorbeerblatt würzen.

Die Kartoffeln schälen und in recht große Stücke zur Suppe geben.

Gut 800 ml Wasser hinzugeben um die Suppe nun 20-30 Minuten köcheln zu lassen.

Für die Suppe kann jeder Fisch, gern auch Muscheln, verwandt werden. Der Fisch sollte etwas festkochend sein. Der Fachverkäufer im Fischladen kann da sicherlich gut beraten.

Den Fisch schneiden und 10 Minuten im Sud ziehen lassen.

Das in Scheiben geschnittene Baguette in einer Pfanne anrösten.

Die Suppe mit Einlage in einen tiefen Teller füllen, etwas Petersilie oben raufgeben und das Baguette reichen. Final einen Schuss Weinbrand zufügen.

Dazu passt immer ein gutes Glas Rotwein.

Scampi auf Rosmarin

* > 10 €

Nein, ich schreibe jetzt nicht über die Hummer Zubereitung. Die Jungs sollen im Wasser bleiben. Zudem sind das die „Freunde" von Peter Olbrich, meinem Freund; da will ich nichts falsch machen.

Ein wenig Fisch muss dann doch sein.

Pro Person 8 Scampi

Rosmarin Zweige

Bio-Orangen

Die TK Scampi sind mit einer Wasserschicht umhüllt. Daher die Scampi zunächst in einem Sieb mit kaltem Wasser abspülen. Danach auf ein Küchentuch legen um sie trocknen zulassen.

Die „Rosmarin-Spieße" am unteren Ende mit einem scharfen Messer anspitzen. Anschließend die Scampi damit aufspießen.

Die Orange mit warmem Wasser abwaschen. In ca. 0,5 cm dicke Scheiben schneiden.

Ofen auf 180 Grad vorheizen. Jeweils eine Orangenscheibe auf das Blech legen und mit einem Spieß toppen. Ca. 8 Minuten garen lassen.

Ich garniere gern mit Balsamico-Kaviar; Rezept Christins Kombüse – Gemütlich & genießen.

Miesmuschelsuppe, französischer Art

Zunächst ein paar Tipps vom Genießer, dem Autor.

Es heißt Miesmuschelsuppe; will sagen, dass die Flüssigkeit fast ein Hochgenuss sein kann. Deshalb erstelle ich immer zunächst die Flüssigkeit, um dann die Muscheln darin zu garen.

Muscheln sind lebende Zutaten. Muscheln, die nach dem Kochen nicht aufgegangen sind, dürfen nicht verzehrt werden, da sie vorher nicht lebendig waren. Nun zu den beiden Suppen.

Französisch

** < 15 €

1 kg frische Miesmuschel der Deutschen See

Olivenöl und Knoblauch

2 Zweige Thymian sowie Rosmarin

300 ml Weißwein (herb)

1 Möhre

130 g Porree

120 g Sellerie

Salz und frischer Pfeffer

3 Schalotten

1 Dose Safran

3 EL Mehl

600 ml Fischfond (konzentriert)

120 ml Sahne.

Etwas Dill

Zum Hochgenuss fehlt noch 4 cl Anisschnaps

Muscheln waschen, offene entfernen. Alles Gemüse in kleine mundgerechte Stücke schneiden. In gutem Olivenöl anbraten. Mit den Flüssigkeiten, bis auf den Anisschnaps, auffüllen. Gewürze dazugeben und leicht köcheln lassen. Der Sud sollte jetzt schon recht gut schmecken. Mit Salz und frischem Pfeffer abrunden.

Die Miesmuscheln sowie den Sud in einen großen Topf geben und ca. 15 Minuten leicht mit Deckel ziehen lassen.

Muscheln und eine gute Kelle Suppe in den Teller füllen. Mit gerupftem Dill garnieren.

Italienische Art

1 kg frische Miesmuschel der Deutschen See

Olivenöl und Knoblauch

1 Chili

1 Möhre

130 g Porree

120 g Sellerie

Salz und frischer Pfeffer

3 Schalotten

3 EL Mehl

600 ml Fischfond (konzentriert)

400 g geschälte Tomaten aus der Dose,

Zubereitung wie oben beschrieben.

Scampi oder Garnele

Wie oft habe ich Scampi bestellt um dann auf dem Teller Garnelen zu erhalten.
Darum habe ich mich entschlossen, in meinem zweiten Buch die Unterschiede zu
erläutern um dem Preis auf der Restaurant-Karte auch gerecht zu werden.
Regelmäßig lasse ich die Teller zurück gehen. Es kommt das falsche!

Fachkunde **Scampo**

Scampi: Scampi ist die Mehrzahl von Scampo, dem Kaisergranat. Verwandt mit dem
Hummer. Somit darf nur Kaisergranat als Scampo bezeichnet werden.

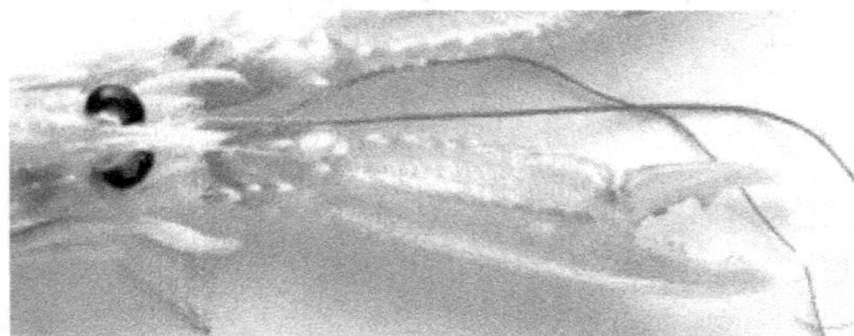

Kaisergranat

Der Unterschied ist leicht u zu erkennen. Scampo besitzen, wie viele Verwandte,
Scheren. Das Gehäuse ist geriffelt. Die Schwanzspitze ist schmetterlingsförmig. Die
sollten auf dem Teller zu sehen sein.

Fachkunde **Krabbe**

Sie sind die bekanntesten Vertreter der Garnelen. Die Bezeichnung ist zoologisch
übrigens falsch. Sie gehören zu den kurzschwanzigen Krebsen oder auch
Zehenfußkrebsen. Die Greifwerkzeuge der Garnele sind so klein, dass sie kaum
erkannt werden können. Sie hat lange Tastfühler und dunkle große Augen. Das
Gehäuse ist glatt. Die Schwanzspitze läuft schmal zu.

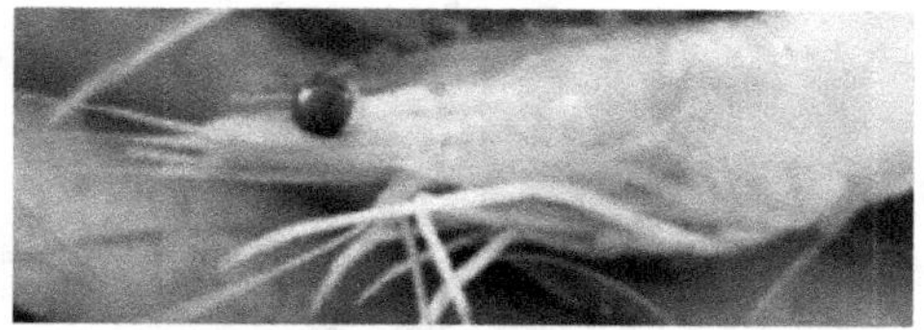

An der Nordsee sind sie bekannt als Granat oder Krevetten.

Fachkunde Spanisch **Gambas**, Italienisch **Gamberetti** oder Englisch **King Prawns**

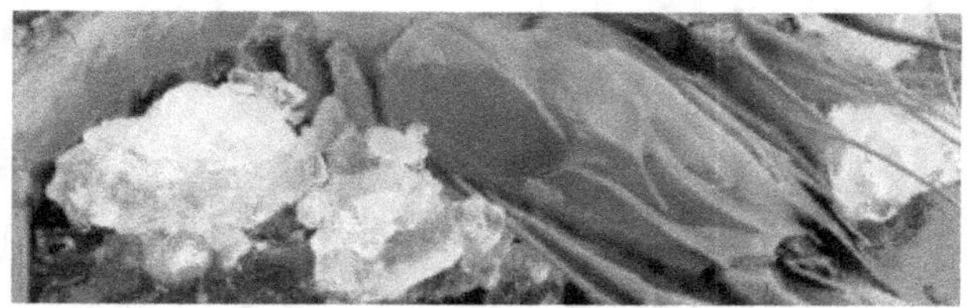

Vorgekocht

Die Vertreter sind eigentlich nur größer; der Preis auch.

Beispiele aus dem Netz

Black Tiger Garnele 1 kg 12,84

Black Tiger Garnele mit Kopf und Schale 6/8 1 kg 34,24 €

Black Tiger TK 8/12 500 g 16,50 €

(8/12 bezeichnet die Länge; also zwischen 8 bis 12 cm)

Fachkunde **Gesundheitsnutzen**

Schalen- und Krustentiere sind …

Reich an Jod, Selen und Zink

    Enthalten Omega-3-Fettsäuren

        Stärken das Immunsystem

            Fördern Herzgesundheit

                Wirken entzündungshemmend

Pignata aus Matera in Italien

Ich war hin und weg ab dem Moment, als ich in der Schanze, einem Szene-Viertel in Hamburg, beim Italiener meine Pignata genießen durfte. Da das Restaurant mich schon von Recherche für die Cataplana kannte, war es recht einfach mal wieder ein leckeres Rezept zu ergattern.

Ursprünglich wurde die Pignata in einem Tontopf mit Form eines Pinienzapfens gekocht. Heute zu Tage kann gern ein Römertopf aber auch jeder Topf im Haushalt gewählt werden.

** > 20 €

160 ml Olivenöl

4 EL Rotweinessig

3 Knoblauchzehen

2 Zweige Rosmarin

1,5 kg Fleischstücke (Lamm, Rind…)

Aus den Zutaten eine Marinade herstellen. Fleisch in recht große Würfel schneiden und zusammen mit der Marinade über Nacht in einem Beutel ziehen lassen.

Eine Stunde vor der weiteren Zubereitung zimmerwarm werden lassen.

750 g Kartoffel

5 Zwiebeln

400 g Tomaten

350 g Karotten

120 g Salami (Salsiccia)

120 g Pecorinokäse

2 Stangen Sellerie

1 Bund Petersilie

Chili

100 g Zichorie

Salz und frischer Pfeffer

800 ml Fleischbrühe, besser Rotwein

Ab jetzt geht es denkbar einfach weiter. Alle Zutaten putzen und in grobe Stücke schneiden.

Die Zutaten immer in Schichten in den Topf legen. Dazwischen Salzen, mit frischem Pfeffer würzen und wer mag Chilis verteilen. Der Topf füllt sich nach und nach. Alle Zutaten sind immer noch roh.

Mit Flüssigkeit auffüllen.

Das Gericht 3 Stunden bei 120 C im Ofen ziehen lassen. Anschließend 1 Stunde bei 180 C.

Ich sage immer, wenn die Küche, nach dem Essen welches gerade zubereitet wird, riecht, ist das Essen gar … und es wird lecker riechen; versprochen.

Pro Teller einfach mit einer großen Kelle von unten nach oben durch den Topf ziehen und so alle Ingredienzien herausholen.

Fingertest für Garstufen

Ja, es gibt tolle Thermometer, die über eine App auf Ihrem Handy genau anzeigen, wann das teure Stück Fleisch die gewünschte Garstufe haben könnte.

Das Schöne an dem „Fingertest" ist, ich kann hinterher meinen Finger ablecken und bekomme so bereits einen Eindruck von dem was mich erwartet.

Die Fingerprobe ist einfach erklärt. Sie drücken einfach mit einem Finger mittig auf das Fleisch; in der Regel wählt man die dickste Stelle. An der Festigkeit kann erkannt werden, wie die Garstufe vorangegangen ist.

Das visuelle Ergebnis wird mit Hilfe des Handballens verglichen.

Blutig/ Englisch	Raw/ Blue	Bleu/ Cru	ca. 48 C

Rare:
Halten Sie die Hand locker. Nun drücken Sie mit dem Zeigefinger auf den Handballen, welcher sehr weich ist. Dies entspricht dem Garpunkt „Rare".

Deutsch	Englisch	Französisch	Innere Kerntemperatur
Fast blutig	Medium rare	Saignant	ca. 52 C

Medium:
Halten Sie den Daumen und den Mittelfinger zusammen. Der Handballen fühlt sich jetzt etwas fester an. Diese Festigkeit entspricht in etwa dem Garpunkt „Medium".

Rosa	Medium	a Point / anglais	ca. 56 C
Innen leicht rosa	Medium well	Demi anglais	ca. 60 C

Well done:
Halten Sie den Daumen und den Ringfinger zusammen. Nun ist der Handballen sehr fest. Dies entspricht dem Garpunkt „Well done".

Durch   Well done   Bien cuit   ca. 64 C

Hauptgericht

Arme Ritter (Thüringen)

* > 5 €

„Ik bin en Baliner, wa"! Als West-Berliner waren wir ebenfalls immer mit der Mauer konfrontiert. Als sie dann fiel, musste ich „rüber machen". Gleich 1989, nach ca. einer Woche Mauerfall, ging es Nähe Eisenach in das spätere neue Bundesland.

Von den Eindrücken möchte ich hier nur soviel berichten; es war alles irgendwie dunkel. Auf dem Rückweg verspürten wir einen leichten Hunger. Also rechts ran und in irgendeinem Dorfe die dazugehörige Dorfkneipe aufgesucht.

Tür aufgestoßen und alle Besucher haben schlagartig das Reden eingestellt. Uns wurde ein Platz zugewiesen, eine vergilbte Karte sollte die Speisekarte sein. Übersichtlich! Lübzer Bierchen, eine Goldkrone für den Magen und dann Würzfleisch. Das Rezept ist im ersten Buch beschrieben.

Als Vorspeise haben wir nichts Anderes als „Arme Ritter" gefunden. Mehr Platz fand sich auf der Speisekarte auch nicht. Ich höre es noch wie damals „Egal nehmen wir".

Hier das Grund-Rezept, mit meiner Idee es aufzupimpen.

Pro Person 1 Toast

50 ml Milch

2 Volleier

Salz und frischer Pfeffer

„sonst nüschts" – So die Worte der Wirtin damals.

Aus Milch und den Eiern eine Masse herstellen. Mit Salz und frischem Pfeffer kräftig würzen.

Eine Pfanne erwärmen. Das Toast durch die Masse mehrfach ziehen um es dann in der Pfanne andicken zu lassen. Dabei einige Male wenden.

Soweit das Grundrezept.

Arme Ritter kredenze ich gern mal, wenn die Lust nach richtigem Kochen nicht so ganz da ist. Das fertige Toast ist schnell mit Salat, Gurke und Tomate belegt. Einfach mal in den heimischen Kühlschrank gucken.

Da es in der Menge der Zutaten gern als Hauptgericht reicht, ist es dieser Kategorie zugeordnet.

Ob es die Kneipe noch gibt? Das Rezept lebt auf jeden Fall weiter.

Labskaus — Das Original aus Hamburg

** >10 €

Einen falschen Glauben muss ich voran klären. Nein! In oder zum Labskaus kommt kein Fisch hinzu. Das musste mal gesagt werden.

Labskaus ist ein altes Gericht der Seefahrer von früher. Alles was an Bord nicht über die vielen Monate auf See verdarb, war genau richtig. Also Kartoffeln, Zwiebeln, Cornedbeef und in Essig eingelegte Rotebeete.

8 Kartoffeln

1 Glas Rotebeete

1 Dose Cornedbeef

Salz und frischer Pfeffer

Wasser

Muskat, gemahlen

Die Kartoffeln geschält richtig weich kochen. Abkühlen lassen und (so mache ich es) mit den sauberen Händen zerdrücken. In das gleiche Gefäß Cornedbeef geben und auch klein drücken.

Ab jetzt wird mit der Gaben oder dem Stampfer weiter gearbeitet.

Rotebeete klein schneiden und zur Masse geben. Mit Salz, frischem Pfeffer und einer recht großen Prise Muskat würzen. Der Cornedbeef-Geschmack sollte leicht im Vordergrund sein.

Zum Schluss mit dem Saft der Rotenbeete die gewünschte Farbe für das Gericht mixen.

Gereicht wird Labskaus mit einem Spiegelei sowie Salzgurken.

Labskaus – Zubereitung im Alt-Hamburger-Aalspeicher

Erzählt von Marcus Boese

Für 4 Personen mit Nachschlag

1 kg gepökeltes Rindfleisch
 (gerne preiswerte Stücke aus der Färse
oder der Schulter und gerne mit Fett)

Fleisch separat mit zwei gespickten Zwiebeln garkochen und anschließend auskühlen lassen.

1500 g Kartoffeln (bestenfalls mehlig und nicht festkochend)
400 g frische Rote Beete (natürlich geschält)
2-3 dicke Salzgurken (nicht Gewürzgurken)

Alles auf grober Scheibe durch einen Fleischwolf drehen.

2 Gemüsezwiebeln (gerne groß) sehr fein in Würfel schneiden und in Butterschmalz oder Speck in einem Topf glasig garen.

Dann die Masse hinzufügen und bei geringer Temperatur köcheln lassen. Die Flüssigkeit von den Kartoffeln und der Roten Beete sowie der Gurken sollte langsam verkochen.

Mehrfach umrühren um ein Anbrennen zu verhindern. Vorsichtig mit Salz (das gepökelte Fleisch ist schon salzig) und schwarzem Pfeffer würzen.

Der feste Brei wird auf einem flachen Teller serviert und obenauf kommt ein Spiegelei.

Als Beilage ein Rollmops oder Matjes, eine Scheibe Rote Beete und eine halbe Salzgurke.

Ins <u>Hamburger</u> Labskaus kommt kein Fisch!

Hier die Geschichte

Labskaus war früher ein Seemanns Essen, oftmals fuhren Seeleute über Wochen und Monate auf den Schiffen und ernährten sich fast nur von Fisch, viele Seefahrer erkrankten (Skorbut etc...) einhergehend mit schlechten Zähnen. Damals war eine abwechslungsreiche Ernährung aufgrund mangelnder Kühlmöglichkeiten und mangelnder Haftbarmachung nicht möglich.

Dörrfleisch konnte man mitnehmen,

ebenso wie Kartoffeln und Fassgurken
sowie Zwiebeln und Rote Beete.

Daraus wurde dieser Brei gekocht, weil
die meisten Seeleute schlechte Zähne
hatten und das Dörrfleisch eh viel zu zäh
war. Hühner hatte man an Bord, meist für
die Kapitäne, welche ab und an mal ein
Huhn geröstet bekamen, daher das
Spiegelei für die Mannschaft.

Heute legt man einen Rollmops oder
Matjes an das Labskaus; zur Erinnerung
an die Matrosen.

„Wi hebben dree körten un dree langen geklönt. "

Königsberger-Klopse   (Omas Art)

Königsberger-Klopse ist eine ostpreußische Spezialität. Eigentlich werden sie mit
Kalbsfleisch hergestellt; somit waren sie früher ein typisches Essen für den Sonntag.

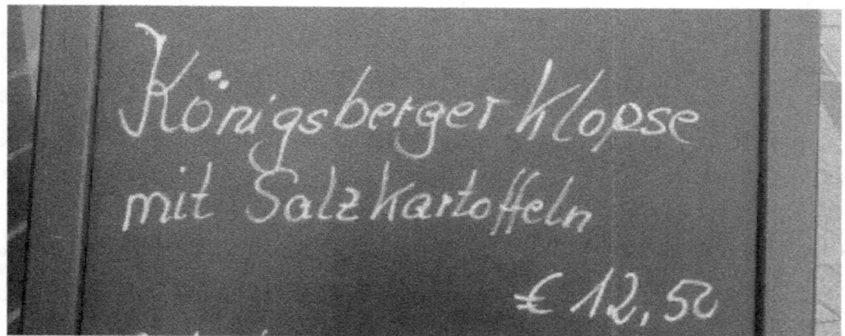

** > 15 €

500 g Hackfleisch

1 Ei für die Bällchen

1 Zwiebel

3 Eigelbe

3 Pimente

4 Lorbeerblätter

Etwas Zitronensaft

Salz und frischer Pfeffer

4 Stängel Petersilie

2 EL Paniermehl

2 Sardellen

3 L Rinderbrühe (Fette Brühe)

3 EL Butter

3 EL Mehl

1 Becher Schmand

1 Glas Kapern

Zwiebeln, Kapern und Sardellen fein runter schneiden. Alle Zutaten zuzüglich 1 Vollei, dem Paniermehl vermengen und roh mit Salz und frischem Pfeffer abschmecken. Wenn der Geschmack gefällt, nicht zu kleine Kugeln formen. Dabei hilft, wenn die Hände nass sind. Anders falls klebt das Fleisch an den Händen.

3 L Rinderbrühe erhitzen. Die Fleischbällchen mit Piment und Lorbeer darin gar-ziehen lassen. Das ist zu erkennen, sobald sie oben schwimmen. Herausnehmen und zur Seite legen.

Eine helle Einbrenne (s. Rezept Tipp in diesem Buch) mit der gewonnenen Soße (Flüssigkeit) herstellen. Den Schmand unterheben und ohne Klümpchen auflösen lassen. Die Bällchen erneut hineinlegen und ziehen lassen.

Die Soße mit Kapernwasser und Zitrone abschmecken. Restliche Kapern dazu geben.

Dazu passt Reis oder Kartoffeln; die so richtig gut zerdrückt die Soße aufnehmen können.

Schweizer Wurstsalat

Wohl einer der beliebtesten Wurstsalate die man so kennt. Der große Unterschied zum bayrischen- oder Pfälzer Wurstsalat ist, dass hier Käse zum Einsatz kommt.

* > 10 €

180 g Schinkenwurst

120 g Emmentaler

120 g Essiggurken

2 Tomaten

1 rote Zwiebel

6 EL Gurkenwasser

3 EL Essig, wenn noch nötig

½ EL Zucker

3 EL Olivenöl

1 EL Senf

Salz und frischer Pfeffer

Wurst in Streifen schneiden. Gurken und Zwiebeln mundgerecht. Der Käse wird von mir bevorzugt geraspelt.

Im Anschluss die Marinade herstellen. Hier bitte zunächst mit dem Salz aufpassen; eher erst weniger zugeben. Die Flüssigkeit muss emulgieren. Das bedeutet, dass das Öl sich mit den anderen Zutaten richtig vermischen muss.

Hier gibt es zwei Möglichkeiten. Auf der einen Seite kann die Flüssigkeit so lange gerührt werden, bis die Konsistenz erreicht wird. Das geht richtig in die Arme und dauert ein wenig. Ich möchte jedoch irgendwann auch essen!

Ein kleiner Tipp ist, wenn 2 EL richtig heißes Wasser zugefügt wird. Es löst das Olivenöl schneller auf. Hier reicht es, mit nur wenig rühren eine glatte Flüssigkeit zu erhalten.

Die Marinade sodann über die restlichen Zutaten geben und gut vermengen. Der Wurstsalat kann gern am Vormittag vorbereitet werden, wenn am Abend Gäste erwartet werden. (Diese Menge Wurstsalat schaffe ich aber auch alleine sehr gut)

Rinderfilet Strindberg

*** < 20 €

4 Scheiben a 150 g Rinderfilet

5 Schalotten

1 Knoblauchzehe

1/4L Sahne

1 TL Senf

3 EL Pankomehl oder Semmelbrösel

3 EL frischer Parmesan

1 TL Zitronenschale

½ Bund Petersilie

2 EL Butter

Salz und frischer Pfeffer

Thymian- und Rosmarinzweige

Für die Kruste Petersilie, Schalotten und Knoblauchzehe fein würfeln bzw. hacken. Schalotten in Butter glasig andünsten. Jetzt Sahne und Knoblauch hinzufügen. Alles gut einkochen lassen, bis ein dickflüssiger Brei entstanden ist. Pankomehl, Senf und Petersilie unterheben. Die Masse mit Salz und frischem Pfeffer abschmecken.

Die Filets mit Butter ca. 2 Minuten von jeder Seite braten. Mit den Zweigen von Thymian und Rosmarin parfümieren. Das Fleisch auf eine feuerfeste Unterlage legen, sowie salzen und pfeffern. Etwas abkühlen lassen. Die Kruste circa einen ½ cm an der Oberfläche streichen um danach das Fleisch im Ofen bei 160 C ca. 2 Minuten grillen.

Die Kruste sollte leicht bräunlich sein und kleine Blasen werfen.

Leber in Milch mariniert (Griechisch)

** < 10 €

Leber oder überhaupt Innereien sind nicht für jeden das A und O der Genüsse. Vielleicht kommt aber der geneigte Leser mit diesem Rezept etwas näher.

Leber kann gern pur gegrillt oder in der Pfanne zubereitet werden. So wird es leckerer.

Grundsätzlich gilt:

Salzen Sie Leber erst <u>nach</u> dem Garen, sonst wird sie zäh und trocken.

Eine vor dem Braten in Mehl gewendete Leber bleibt schön saftig.

Legen Sie Leber vor dem Garen drei Stunde in Milch ein, dann wird ihr Geschmack schön mild und die Leber zieht sich beim Garen weniger zusammen.

Variante 1

Weißwein, Bohnenkraut, Rosmarin und Thymian

Variante 2

Zwiebelringe, Knoblauch, Olivenöl, frischer Pfeffer und Kräuter der Provence

Variante 3

Dunkle Sojasoße, Zitronengras, Ingwer und Sesamöl

Für mehr Geschmack sorgen hier Milch und div. Aromaten.

Leber putzen wie z.B. von Silberhaut befreien. Leber in der gewünschten Milch - Marinade einlegen. Dazu 3 Stunden Zeit geben.

Rückwärts gegartes Filet

** > 15 €

2 Filets vom Schwein

Thymian und Rosmarin

Aus meiner Visa ist zu entnehmen, dass ich mich im Jahr 2012 zum drittbesten Hobbykoch Deutschlands gekocht habe. Etwas stolz bin ich darauf schon, da ich über 800 andere Mitbewerber über die „Klinge" springen lassen habe (sie leben alle noch - glaube ich)

In diesem Buch stelle ich meine damalige Vorspeise „Steckrüben Suppe" sowie einen Teil des Hauptganges vor.

Als Rückwärtsgaren bezeichnet der Koch, wenn das Fleisch zunächst wenig Hitze und nachdem es die gewünschte Kerntemperatur hat, viel Hitze final bekommt. Soweit zur Theorie.

Nimmt man ein Filet, verläuft das Stück Fleisch konisch zu. Will sagen, ein Ende ist dicker als das andere. Würde man jetzt so ein Stück Fleisch einfach mal in den Ofen legen, wäre das dünnere Ende schneller gar als das andere.

Der kleine aber durchaus umwerfende Trick ist ganz simple. Wenn zwei Filets so übereinander gelegt werden, dass sich je ein dickes und ein dünnes Ende ansehen, entsteht eine gleichmäßig geformte Fleischrolle.

Diesen Trick habe ich mir im Kochwettbewerb zu Nutze gemacht; ich brauchte Zeit! Zwischen den beiden Fleischstücken habe ich genügend Thymian und Rosmarin verteilt und dann wie beschrieben die Stücke mit Küchengarn fixiert.

Das Fleisch darf nicht mehr als 56 C im Ofen erfahren. Es kann mit der Temperatur mehrere Stunden im Ofen liegen und würde nie über den Garpunkt Medium hinaus kommen.

In meinem Fall habe ich es 3 Stunden im Ofen belassen.

Final Butter in einer Pfanne recht hoch erhitzen. Das ganze Filet aus dem Ofen nehmen und kurz, wirklich kurz, durch die Butter ziehen. Es sollte nur die bekannte Farbe erhalten.

Die Scheiben werden überaus saftig und wohlschmeckend sein.

Gefüllte Paprikaschoten

** > 15 €

4-5 gelbe Paprika (andere Farbe geht auch)

1 Zwiebel

1 Ei

Salz und frischer Pfeffer

15 Kapern

2 Sardellen

500 g Hackfleisch halb und halb

3 EL Tomatenmark

2 Würfel "Fette Brühe"

1 EL Senf

2 Schuss Worcestersauce

1 EL Sojasoße

Wasser

120 g frischen Parmesan

Die Paprika köpfen. Mit einem Zestenreißer oder kleinem Gemüsemesser die hellen „Äste" etwas herausnehmen.

Zwiebeln, Kapern und Sardellen fein runter schneiden. Alle Zutaten vermengen und roh abschmecken. Keine Angst, selbst wenn Sie Sardellen nicht mögen, geben sie lediglich den Geschmack ab; sie werden nicht mehr zu sehen sein. Versprochen! Wenn der Geschmack gefällt, die Masse in die vorbereiteten Paprika füllen. Dabei hilft es, wenn die Hände nass sind. Andersfalls klebt das Fleisch an den Händen.

Die Deckel der Paprika passend wieder auf die nun gefüllten Schoten setzen und mit einem Zahnstocher fixieren. Alle in einen recht großen Topf mit dem dickeren Teil nach oben schichten. Wasser soweit auffüllen, dass die Paprika ca. 3 cm mit Wasser bedeckt sind.

Brühwürfel hinzugeben sowie das Tomatenmark. Alles ca. 40 Minuten leicht köcheln lassen.

Die Paprika vorsichtig herausnehmen. Da sie gar sind, neigen sie dazu aufzuplatzen. Die Soße mit Kartoffelmehl (s. Rezept in diesem Buch) binden. Frisch geriebenen Parmesan langsam hinein bröseln und dabei umrühren. Der Parmesan wird sich auflösen.

Die Soße sollte überwiegend nach Parmesan und Paprika, nicht jedoch nach Tomatenmark schmecken.

Die Schoten erneut hineingeben und ohne Hitze ziehen lassen.

Dazu passt Reis.

Wer hätte das gewusst

- Zu **Leber** passt immer Abrieb von einer Orange und Haselnuss Spalten
- **Leber** immer am Schluss salzen
- Geht das **Joghurt** nicht vollständig aus dem Becher, dann einfach unten mit einem Messer einmal rein stechen. Schon ist das Vakuum aufgehoben und es werden keine Reste im Becher bleiben.
- **Linsen** nie mit Salzwasser kochen, sie werden nicht gar
- Ein **Espresso** beim anrösten von Fleisch hebt den Geschmack sehr
- Beim anschwitzen von **Zwiebeln** immer Salz hinzu fügen, entzieht den Zwiebeln das Wasser und lässt sie knuspriger werden.
- Wenn **Pfeffer** frittiert wird entsteht ein höherer Geschmack
- Wenn eine **Kartoffel** gebrochen anstatt geschnitten wird dickt sie besser die Suppe an.
- Wenn ein Mensch eine ganze **Muskat** Nuss zu sich nehmen würde stirbt er dran. Grund ist der hohe Anteil von Blausäure.
- Wenn **Gewürz Pflanzen** weniger gegossen werden (Thymian) erzeugt die Pflanze mehr Aroma
- Eine geriebene rohe **Kartoffel** in die fertige Suppe geben dickt sie an
- Nudeln essen macht glücklich. Grund dafür ist das enthaltene Serotonin.
- **Miesmuschel** kann nur in den Monaten mit R gekauft werden.
- Ein Schuss Milch in eine verquirlte Eimasse lässt das **Rührei** fluffiger werden.

Whisky-Lexikon   Rundet den Abend ab

An verschiedenen Stellen in diesem Buch habe ich mich bereits über die Qualität von „*vom*Fass" geschrieben. Für mich gibt es nichts Besseres nach einem schönen Essen einen guten Whisky runter rinnen zu lassen. Aber auch hier gilt meine Devise, die Fachkunde gehört dazu.

Besuchen Sie doch „*vom*Fass" um den einen oder anderen Whisky für den kommenden Abend direkt vor Ort zu probieren. Es lohnt sich!

Alter

Whiskey muss mindestens drei und in den USA mindestens zwei Jahre in Eichenfässern gelagert werden. Malt Whiskey wird meist erheblich länger gelagert. Die Altersangabe auf dem Etikett bezeichnet immer den jüngsten Whiskey in einer Abfüllung.

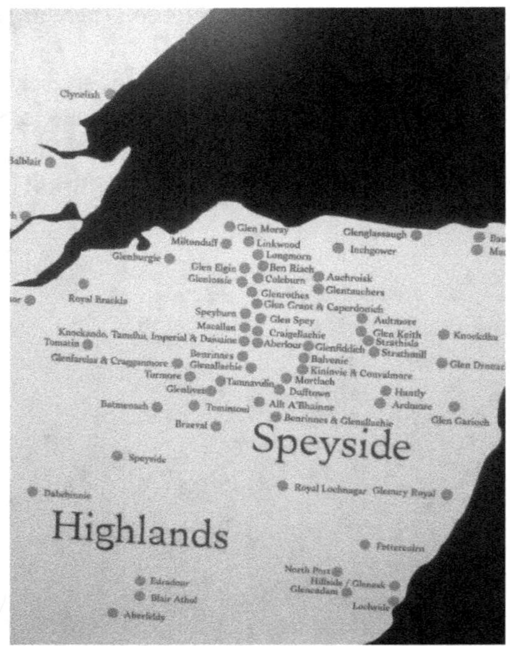

Angels' Share

Der Inhalt eines Fasses, der während der Lagerung verdunstet. In Schottland rechnet der Zoll mit höchstens 2 % des Inhalts pro Jahr.

Blend, Blended Whiskey

Eine Mischung (engl.: blend) aus verschiedenen Whiskeys mit einem hohen Anteil von Single Grain Whiskey und einem deutlich kleineren Anteil an verschiedener Single Malts.

Fässer

In Schottland und Irland werden meist gebrauchte Fässer verwendet. Dies sind zu einem Großteil Bourbon-Fässer (barrels oder hogsheads). Gern werden aber auch Sherryfässer verwendet. Zudem werden immer häufiger Fässer genutzt, in denen andere Weine, z. B. Port- oder Süßweine, gelagert wurden.

Finishing

Seit den 90er-Jahren übliche Methode, einen Whiskey nach der Lagerung in seinem ersten Fass in ein zweites umzufüllen. Wird auch „second maturation" genannt und die Malts oft „Double Wood".

Grain Whiskey

Grain Whiskey kann aus jedem beliebigen Getreide hergestellt werden. Er wird meist im großen Stil hergestellt und wegen seiner weichen und zugänglichen Art für große internationale Marken-Whiskeys verwendet. Gibt man einem guten Single Whiskey aber 20 oder mehr Jahre Reifezeit, entwickelt er ein faszinierendes Aroma. Daher sind gereifte Single Grain Whiskeys derzeit ein Trend auf dem Whiskey-Markt.

Irish Whiskey

Irland hat eine lange Tradition in der Produktion von Whiskey. Eine Besonderheit ist sicherlich, dass hier fast immer dreimal destilliert wird. Besonders hochwertige, handwerklich hergestellte Single Malts aus Irland erfreuen sich derzeit größter Beliebtheit.

Islay
Schottische Hebrideninsel, auf der derzeit acht Destillerien in Betrieb sind. Wegen ihrer zum Teil sehr eigenständigen, torfigen und rauchigen Whiskys ist diese Insel sehr bekannt.

Malt/Malz
Wird in einem aufwendigen Prozess aus roher Gerste gewonnen. Die Maische eines Malt Whiskeys muss zu 100 % aus Gerstenmalz bestehen.

Scotch Whisky
Unterschieden werden nach den Whisky-Regulations von 2009 fünf Varianten:

Single Malt: Ein Malt Whisky, der ausschließlich aus einer Brennerei stammt.

Single Grain: Ein Grain Whisky, der ausschließlich aus einer Brennerei stammt.

Blended: Eine Mischung aus Malt und Grain Whisky.

Blended Malt: eine Mischung verschiedener Single Malt Whiskys.

Blended Grain: eine Mischung verschiedener Single Grain Whiskys.

Speyside
Schottische Region, in der mehr als ein Drittel aller Destillen des Landes stehen. Die Speyside ist sozusagen das Kernland des Scotchs.

Danke an www.vomfass.de

Die Küchensprache

Gar Grade Fleisch

Deutsch	Englisch	Französisch	Innere Kerntemperatur
Blutig/ Englisch	Raw/ Blue	Bleu/ Cru	ca. 48 C
Fast blutig	Medium rare	Saignant	ca. 52 C
Rosa	Medium	a Point / anglais	ca. 56 C
Innen leicht rosa	Medium well	Demi anglais	ca. 60 C
Durch	Well done	Bien cuit	ca. 64 C

A

Abbrennen Einen Teig so lange über Hitze rühren, bis er sich von der Schüssel löst.

Abbrühen siehe Blanchieren

Abfetten Fett von Fleischbrühe oder Soßen vorsichtig mit dem Löffel abschöpfen.

Abhängen Aufhängen von Fleisch an einen trockenen Platz, um die Zeit vom Schlachten bis zur Verwendung zu überbrücken. Frisch geschlachtete Hasen hängen beispielsweise mehrere Tage, ebenso Hühner und besonders Gänse, die bei Kälte auch länger abhängen können. Heute wird das Fleisch stattdessen häufig in der Tiefkühltruhe bis zur Verwendung aufbewahrt.

Abhäuten Entfernen der dünnen Häute an Wild, Kalbfleisch oder Braten, was mit einem feinen scharfen Messer geschieht.

Ablöschen Auch deglacieren, beim Schmoren oder Braten Flüssigkeit zugießen.

Abschäumen Der beim Kochen von Fleisch, Zucker oder Obst entstehende Schaum (meist austretendes Eiweiß und Schmutzpartikel) wird mit Schaumkelle oder Schaumlöffel abgeschöpft.

Abschrecken Übergießen heißer Speisen (Eier, Teigwaren, Reis) mit kaltem Wasser. Bei Eiern geschieht dies, damit sich die Schale besser löst, bei Teigwaren und Reis, damit die Teile nicht aneinanderkleben. Das kalte Wasser muss sofort wieder abfließen können, deshalb verwendet man dazu ein Sieb. Abgeschreckt wird auch Kaffee, wenn man ihn sofort nach dem Aufbrühen mit ein wenig Kaltwasser übergießt, um ihn zu klären.

Abschuppen Fische von Schuppen befreien.

Absengen Auch Abflammen, Geflügel nach dem Rupfen mit Hilfe einer offenen Flamme (Spiritus) von letztem Flaum und Kielen befreien.

Abziehen Suppen und Soßen mit Ei, Mehl, Milch, Brühe oder auch Wasser sämig, glatt machen.

Anrichten Speisen zum Servieren angenehm fürs Auge anordnen und garnieren. Da "das Auge mit isst", ist das fantasievolle - der jeweiligen Speise angepasste Anrichten - kaum weniger wichtig als das eigentliche Kochen.

Anschovis Gewürzte Sprotten und Kleinfischchen, in Marinade zubereitet.

Anschovispaste In Tuben käufliche Würzpaste aus Anschovis, ähnlich der Sardellenpaste.

Apéritif (französisch: zur Öffnung) Ein (meist alkoholisches) Getränk, das den Appetit vor den Mahlzeiten wecken soll. Am bekanntesten sind Sherry, Gin mit Wermuth und Campari. In Frankreich werden eigene Apéritif-Getränke angeboten. Auch Sekt kann als Apéritif dienen.

á point (französisch: auf den Punkt) Steaks, die noch nicht ganz durchgebraten, also rosa, sind.

Aspik Fleischgelee, kaltes Fleisch, Eier, Fisch, Gemüse werden in einem Behälter oder Förmchen zum Stürzen mit einer gallertartigen Masse aus Würzbrühe mit Gelatine eingehüllt. Die Flüssigkeit, die gern säuerlichen Geschmack hat, erstarrt und bleibt durchsichtig.

Aufgießen Flüssigkeit zum Braten - beispielsweise für Soßen - nachfüllen

Auflauf Feine Mehlspeise, auch aus Teigwaren, Kartoffeln oder dergleichen, die in einer Form gart, in der sie auch auf den Tisch kommt. Es gibt herzhafte Aufläufe, die eine regelrechte Mahlzeit bilden, aber auch süße als Nachtisch oder für Kinder.

Ausbacken Teig, Obst oder Gemüse im schwimmenden Fett gar und braun werden lassen.

Ausbeinen Fleisch (insbesondere Geflügel und Wild) von den Knochen lösen.

Ausfüttern Auch Auslegen, Formen für Kuchen, Pudding oder Aufläufe mit Teig, Obst, Speck oder anderem bedecken.

Ausnehmen Geflügel von Innereien und Eingeweiden befreien.

Ausstreichen Backformen innen mit Fett überziehen, damit das Gebackene nicht anhaftet.

B

Backerbsen Suppeneinlage aus tropfenförmigen, in Fett gebackenen Teig.

Bacon (englisch: Speck) Häufig zu Eiern oder zum Frühstück.

Bain-Marie Siehe Wasserbad

Baiser Auch Meringue oder Meringe, Gebäck aus Eiweiß-Zucker-Masse, das mit Eis oder Sahne gefüllt wird.

Baked potatoes Amerikanischer Ausdruck für Kartoffeln, die in Alufolie gegart werden.

Barbecue Amerikanischer Ausdruck für Grill-Party im Freien.

Béarnaisesoße Der Name hat nichts mit der Stadt Bern und auch nicht direkt etwas mit dem Pyrenäengebiet Béarn zu tun. Die oft falsch geschriebene und ausgesprochene Soße wurde 1830 in St.-Germain-en-Laye erfunden, besteht aus Eigelb, Butter, Estragon und Gewürzen, wird warm serviert und ist auch fertig zu kaufen.

Béchamelsoße Eine Soße aus Mehl, Butter, Milch, Gewürzen.

Beignets Stücke von Obst oder Gemüse, die in Teig eingehüllt in schwimmenden, heißen Fett gebacken werden.

Beizen Fleisch, Wild, Fisch oder Geflügel in einer Flüssigkeit von Essig, Wein, auch Milch, Kräutern und Gewürzen zum Aromatisieren oder Mürbemachen einlegen. Fische werden manchmal in Zitronensaft gebeizt. Die Beize wird gewöhnlich anschließend zum Kochen verwendet.

Bien cuit (französisch: gut gekocht) Bedeutet, dass ein Stück Fleisch gut durchgebraten und innen nicht mehr blutig oder roh ist.

Bierteig Ein mit Bier zubereiteter Teig zum Ausbacken von Fleisch, Fisch oder Gemüse in heißem Fett.

Binden Auch abziehen, Flüssigkeiten mit Mehl, Grieß, Stärke, Haferflocken, Sahne oder Ei auf dem Feuer sämig machen.

Blanchieren Gemüse, Fleisch oder Obst mit kochender Flüssigkeit übergießen oder über Dampf legen. Heute wird besonders Gemüse vor dem Tiefgefrieren blanchiert.

Blauen Fische werden blau gekocht, indem sie mit heißem Essig übergossen werden und dann darin garen.

Blindbacken Törtchen werden zum Backen auf einem Papieruntergrund mit Erben oder Ähnlichem gefüllt, um ihre Form für eine spätere Obstfüllung oder Ähnlichem zu erhalten.

Boeuf (Beef) (französisch beziehungsweise englisch: Rindfleisch) Dieser Ausdruck wird in Verbindung mit vielen Gerichten (Boeuf Stroganoff, Boeuf á la mode, Beefsteak) verwendet.

Bonne Femme Zubereitung nach Hausfrauenart.

Bouquet Das Aroma des Weines. Außerdem spricht man von einem Bouquet (= Strauß) bei einem Sträußchen Kräuter, das man in Brühen, Suppen oder Soßen zum Aromatisieren hängt.

Bourguignonne Gerichte nach Burgunder Art; am bekanntesten: Fondue Bourguignonne.

C

Canapés Bezeichnung für kleine Scheiben aus Weißbrot, die lecker belegt sind.

Chateaubriand Französischer Staatsmann aus dem frühen 19. Jahrhundert; Bezeichnung für dickes Filet für zwei Personen.

Chutney Kalte Soße englisch- indianischer Herkunft zu Fisch und Fleisch aus verschiedenen Früchten, wie Mango, Apfel oder Tomaten, die sehr pikant ist.

Consommé Kraftbrühe ohne Einlage.

Cordon bleu Kalbssteak mit Schinken und Käse gefüllt.

Cornichons Kleine Pfeffergürkchen, in Essig eingelegt.

Coulis Früher weit verbreitete Bezeichnung (in alten Rezepten zu finden) für eine braune oder weiße Grundsoße aus Kraftbrühe, die mit beliebigen Geschmackszutaten für Fleischgerichte verwendet wird.

Couvert (französisch: Gedeck)

Couverture Bezeichnung für eine in Bitter und Vollmilch gelieferte Spezialschokolade zum Übergießen (daher der Name) von Kuchen, die in kleinen Barren angeboten werden.

Crêpes Ganz dünne, feine Eierkuchen, französische Spezialität.

Croquettes Siehe Kroketten

Croûtons Suppeneinlage aus kleinen Stückchen von in Fett gebratenem Weißbrot.

Cumberlandsoße Würzige, kalte Soße für Wild, Geflügel, kaltes Fleisch aus Rotwein oder Madeira mit Ribiseln, Senf, Orange und Gewürzen.

D

Demiglace Französisch für eine dunkle Grundsoße in der Gastronomie.

Dips Pikante kalte Soßen zum Stippen von Kartoffeln, Gemüse und Fleisch.

Dörren Obst und Gemüse durch Eintrocknen (Luft oder Backofen) haltbar machen.

Dressieren Formgebung für Nahrungsmittel, so das Einbinden (auch Bridieren genannt) von Geflügel vor dem Braten oder Grillen.

Dressing Aus dem Amerikanischen übernommene Bezeichnung für eine spezielle Salatsoße oder -marinade.

Duchesse-Kartoffeln Gebackenes, geformtes Kartoffelpüree, mit Butter und Ei verfeinert.

E

Eclair Deutsch auch Liebesknochen; längliches Gebäck aus Brandteig, gefüllt und glasiert.

Eierstich Suppeneinlage aus zerschnittener, im Wasserbad gestockter Eimasse.

Einbrenne Auch Mehlschwitze genannt; als Ausgangsprodukt für Soßen und Suppen werden Mehl und Fett zu einem dicken Brei verrührt.

Eindicken Flüssigkeit so lange kochen, bis sie durch Feuchtigkeitsverlust eine dickere Beschaffenheit erhalten hat.

Einfrieren Lebensmittel durch Kälte haltbar machen.

Eischwer Gewichtsbezeichnung bei Backrezepten; entsprechend der Schwere der angegebenen Eierzahl werden die anderen Zutaten bemessen.

Entrecôte Französischer Ausdruck für ein Zwischenrippenstück, einfach oder doppelt serviert.

Entsaften Aus Obst und Gemüse entweder kalt oder durch Dampf (Dampfentsaften) Saft gewinnen.

F

Farce Feine Füllung aus verschiedenem Fleisch mit Brötchen oder Semmelbröseln und geschmacksgebenden Zutaten zur Füllung von Nahrungsmitteln.

Farcieren Das Füllen oder Bestreichen von Fleisch, Gemüse, Eiern oder Ähnlichem mit Farce.

Filet Lendenstück bei Fleisch, entgräteter Fisch.

Filetieren Besonders bei Fisch das Lösen der Gräten vom Fleisch.

Filtrieren Gießen einer Flüssigkeit durch einen Filter (Tuch, Papier), um zu klären oder von festen Bestandteilen zu trennen.

Fines herbes Feine Kräuter

Flambieren Speisen mit Alkohol übergießen und anzünden.

Flammeri Süßspeise aus einer Verbindung von Stärkemehl oder Grieß mit Milch oder Fruchtsaft.

Fleurons Halbmondförmiges Blätterteiggebäck, das als knusprige Beilage zu...

Frikassee Ragouts und ähnlichem gegeben wird.

Fond Kräftige, unverdünnte Brühe, die beim Garen vieler Gerichte entsteht.

Fondue Gericht aus der Schweiz; dabei werden entweder Weißbrotstücke in eine Terrine mit geschmolzenen Käse getaucht oder Fleischstücke in kochend heißem Öl oder Fleischbrühe (= Chinesisches Fondue) gegart.
Friture Fettflüssigkeit für Braten und Backen in schwimmendem Fett.

G

Galantine Gerollte Pastete aus Geflügel oder Wild, in Scheiben meist kalt serviert.

Garnieren Verzieren der fertigen Speise mit Gemüse oder Obst, wie Radieschen, Tomate, Petersilie und Gurken. Auch Ei oder Kaviar werden als Garnierung benützt.

Gelieren Steifmachen von Flüssigkeiten wie Obst- oder Fleischsaft durch entsprechende Zutaten (Gelatine, Gelierzucker, Pektin).

Glace, (französisch: Eis) In der Gastronomie Bezeichnung für konzentrierten, gallertartigen Saft oder Extrakt von Fleisch oder Fisch.

Glacieren Überziehen von Speisen mit einer Glasur aus Fleischsaft (Glace) oder Fett, bei Gebäck auch aus Zucker mit Zutaten.

Gratinieren Gerichte überbacken, wobei Brösel, Käsesoßen und anderes eine knusprige Kruste auf dem Gericht bilden; auch >au gratin< genannt.

Grillade Gegrillte Nahrungsmittel

H

Haschee Aus dem Französischen (Hachis) - feingehacktes Fleisch; auch Fisch oder Gemüse können zu Haschee verarbeitet werden.

Haut goût Sehr starker, durch beinahe beginnende Verwesung entstehender Wildgeschmack, der zeitweise beliebt war.

Holländische Soße Warme Soße, die aus Eigelb, Butter und Zitrone hergestellt wird.

Hors dóeuvre (französisch: außerhalb de Werks) Damit werden speziell in der französischen Küche kleine Vorspeisen aller Art bezeichnet, die meist kalt, aber auch warm, serviert werden. Sie stellen in jedem Fall den Beginn einer Mahlzeit - noch vor der Suppe - dar und sollen zugleich den Appetit anregen, ohne erheblich zu sättigen.

I

Instant Englischer Begriff für sofortige Verwendbarkeit von pulverisierten Lebensmitteln, die in Flüssigkeit aufgelöst werden (Kaffee, Tee, Brühe).

J

Juice
(englisch: Obstsaft)

Julienne Französischer Ausdruck für eine Suppeneinlage, die in feine Streifen geschnitten wird und aus Ei, Gemüse, Fleisch oder Käse bestehen kann.

Jus, Konzentrierte Fleischbrühe, brauner Bratensaft.

K

Kaltschale Kalt servierte Obstsuppe

Kapaun Kastrierter, gemästeter Hahn.

Karamel Auch Karamell - erhitzter, in Flüssigkeit oder Fett zerlassener Zucker, der sich dabei braun färbt, sich karamellisiert. Die Zuckermasse zieht sich dann zähflüssig.

Kaviar Eingesalzener Rogen vom Stör und von anderen, ähnlichen Fischen; als Ersatz auch von heimischen Seefischen.

Klären Siehe Abklären

Krammetsvogel Wird in der französischen und italienischen Küche verwendet; richtiger Name: Wacholderdrossel.

Kräutersträußchen Auch Bouquet - verschiedene, zusammengebundene Kräuter, die beim Garen in Suppen oder Soßen gekocht werden.

Kren, Österreichischer Ausdruck für Meerrettich.

Kroketten Röllchen aus Kartoffel-, Fleisch- oder Käseteig, die paniert und knusprig gebacken werden.

Krümelsalz Das normale Haushalts-Salz hat zwar auch div. Bestandteile, jedoch kommt es nicht an die Güte von „Krümelsalz" heran. Ich spreche von TOTEM Salz und LEBENDIGEM Salz. Die etwas teuren Salzflocken sind so gut wie gar nicht verändert; sie kommen so auf den Teller wie die Natur es uns anbietet. Wesentlich intensiver und geschmacklich wertvoller.

Kutteln Pansen (Magenteil beim Wiederkäuer) junger Rinder, in Streifen geschnitten; auch Fleck genannt. Berühmt: Königsberger Fleck

L

Legieren Dabei werden Suppen oder Soßen mit Eigelb oder Sahne gebunden. Die Flüssigkeit darf dabei nicht mehr kochen (legierte Suppe).

M

Marinade Dem Namen nach eigentlich auf Fisch bezogen, aber als Soße oder Beize (siehe Beizen) zum Einlegen von Fisch, Fleisch und Wild. Sie besteht aus vielerlei wechselnden Zutaten mit Essig, Kräutern, Wein und ähnlichem. Auch Salatsoße wird als Marinade bezeichnet.

Marinieren Das Einlegen in Marinade.

Maskieren Überziehen von Speisen mit Soße, Creme oder Mayonnaise.

Medaillons Kleine Filets.

Mehlschwitze Siehe Einbrenne.

Melieren Mischen, Mehl einrühren oder ein Stück Fleisch in Mehl wenden.

Meringue Siehe Baiser.

Minestrone Italienische Gemüsesuppe.

Mirepoix, (französisch) Angeröstetes, in Würfel geschnittenes Suppengemüse, das Suppen und Soßen Aroma gibt.

Mixed Grill Verschiedenes gegrilltes Fleisch gemeinsam angerichtet.

Montieren Eine Soße oder ein Jus werden mit Butterflocken verrührt.

Mousse (französisch: Schaum) Entweder schaumiges Püree aus leckerem Fleisch mit Zutaten und Gewürzen als Vorspeise oder lockere Süßspeise (Mousse au Chocolat).

Mousselinesoße Eine durch Hinzutun von Schlagsahne besonders weich und gehaltvoll gemachte Soße, in jedem Fall hell und warm. Wird zu Gemüse wie Spargel oder Fisch gereicht.

Müllerin-Art Besondere Zubereitung von Fischgerichten. Der Fisch wird mit Mehl paniert, gebraten und mit flüssiger Zitronenbutter übergossen.

N

Nockerln Kommt aus dem Italienischen (Gnocchi), bezeichnet längliche Knödel.

O

Obers Auch Schlagobers - österreichisch für Schlagsahne.

P

Palatschinken Sehr dünne Eierkuchen nach österreichischer Art.

Panade Hülle aus Brösel für bestimmte Speisen; siehe panieren.

Panieren Fleisch, Fisch oder Gemüse werden in Ei und danach in Brösel oder Ähnlichem gewendet, wodurch beim Backen das Fett aufgesogen wird.

Parfait (französisch: vollkommen), Spitzenleistungen der Küche, beispielsweise getrüffelte Gänseleber (Gänseleber-Parfait, eine Eisspeise oder sahniges Halbgefrorenes.

Parfümieren Leichtes Aromatisieren von Süßspeisen oder Obstsalat mit verschiedenen Arten Alkohol.

Parieren Zurechtmachen von Fleisch- oder Fischstücken zu gefälligen Formen und besonders die Entfernung von Fett, Sehnen oder Haut.

Passieren Gargekochte Speisen und Soßen durch ein Sieb oder Tuch streichen, damit sie völlig glatt werden.

Pasta asciutta Italienisches Gericht aus Teigwaren, auch als Vorspeise gebräuchlich.

Pasteurisieren Erhitzen, um Keimbildung abzuwenden; besonders Milch wird damit haltbar gemacht. Die Temperatur liegt dabei knapp unter 100 Grad.

Petit fours Zierliche, zuckrige Törtchen in verschiedenen Formen mit Cremefüllung und Glasur.

Piccalilly Pikante Senfsoße mit Gemüsen und Gewürzen, auch fertig abgepackt zu kaufen.

Pie Englische Bezeichnung für Teigpasteten mit Fleisch oder Obst; berühmt: Apple-Pie.Pilaw, Reisgericht aus dem Orient, mit Hammelfleisch zubereitet.

Piroggen, Kleine, gefüllte Pasteten; russisches Gericht.

Pizza Italienisches Nationalgericht; ein Germteigboden wird mit Tomate, Wurst, Käse, Oliven, Sardellen und Ähnlichem belegt, gut gewürzt und im Ofen gebacken. Heiß servieren.

Plumpudding Gekochter Pudding aus England, wird dort besonders zu Weihnachten gegessen; Nierenfett und Pflaumen sind die Hauptzutaten.

Pochieren Speisen in heißem Wasser (meist mit Essig) gar werden lassen. Am bekanntesten sind pochierte Eier, auch verlorene Eier genannt; Zubereitungsart auch für Fisch und Gemüse.

Pökeln Haltbarmachen von Fleisch und Gemüse in einer Lösung aus 15 bis 20 Prozent Kochsalz, Salpeter oder Pökelsalz, Typisches Pökelfleisch sind Schinken, Eisbein und Kasseler. Auch Gemüse, beispielsweise Sauerkraut, kann gepökelt werden.

Pommes Allumettes (französisch: Streichholzkartoffeln), feingeschnittene Kartoffeln in der Fritteuse gebraten.

Pommes frites (französisch) Rohe, in längliche Streifen geschnittene Kartoffeln werden in der Fritteuse in schwimmendem Fett gebraten.

Porterhouse Steak Großes Rippensteak mit Filet, für mehrere Personen geeignet.

Pot-au-Feu (französisch: Feuertopf) Suppeneintopf mit Rind- und Geflügelfleisch.

Poularde Junges Masthuhn

Prinzeßkartoffeln Kugelig geformtes, frittiertes Kartoffelpüree.

Pürieren Lebensmittel zu Mus stampfen oder mit Küchengeräten zerkleinern. Kartoffelpüree wird mit Milch und Butter locker gemacht.

R

Ragout Gewürfelte Stücke von Fleisch, Fisch, Wild oder Gemüse in dunkler Soße.

Ragout fin Ragout in heller Soße aus feinen Fleischsorten und Pilzen.

Räuchern Durch Einwirkung von Rauch verschiedener Hölzer werden Fleisch, Wurst und Fisch zugleich aromatisiert und haltbar gemacht. Berühmt ist der Katenrauch, der in alten Räucherkaten nach traditionellen Methoden erzielt wird.

Reduzieren Durch Kochen Flüssigkeit verdunsten lassen, damit die gewünschte Form einer Nahrung erreicht wird. Siehe auch: Eindampfen.

Remouladensoße Verfeinerung von Mayonnaise durch Kräuter und Gewürze.

Risipisi Gekochter, trockener Reis, unter den grüne Erbsen oder auch Käse und Schinken gemischt sind.

Roastbeef Zwischenrippenstück vom Rind, entweder rosa (englisch) oder durchgebraten. Kann sowohl warm als auch kalt gegessen werden.

Rösten Durch starke Hitzeentwicklung Lebensmittel bräunen (Toast, Kaffee).

Rösti Schweizer Bratkartoffelart, die als zusammenhängende Kartoffelmasse knusprig gebraten wird.

Rumpsteak Scheibe vom Rinder-Rippenstück, gebraten oder gegrillt.

S

Saignant (französisch: blutend) Bezeichnung für Fleisch, das so kurz gebraten wurde, dass noch Blut austritt.

Salmi Feines Ragout aus Wildgeflügel, das nicht von den Knochen gelöst wird.

Sandwich Belegtes Butterbrot, meist Weißbrot.

Saucieren Etwas mit Soße übergießen.

Sautieren Kleine Stücke unter ständigem Rühren oder Wenden in der Pfanne braten. Diese Bezeichnung gilt auch für das Schwenken von Gemüse in Butter.

Savarin Germkranz, der mit Alkohol getränkt und manchmal mit Früchten gefüllt ist.

Schalotten Kleine, wegen ihrer Würzigkeit in der Küche häufig verwendete Zwiebelart.

"im Schlafrock" Bezeichnung für eine Speise, die mit gebackenem Teig, dem Schlafrock, umgeben ist (Apfel im Schlafrock).

Schlosskartoffeln Eine Art Bratkartoffeln: Rund geschnitten, roh blanchiert und in Butter gebraten.

Serviettenkloß Germteig für einen Knödel, der in einer Serviette über Dampf gar wird.

Sirloin (amerikanisch) Braten vom Roastbeef mit Lende.

Sojabohnen Sehr eiweißreiche Bohnenart aus Ostasien. Daraus wird auch die recht würzige Sojasoße hergestellt.

Soufflé Lockeres, schaumiges Gebäck oder Auflauf.

Soufflieren (französisch: aufblähen) Herstellen eines Soufflés oder Schaum-Omeletts.

Spicken Fleisch (besonders Wild) oder Fisch mit Speckstreifen durchziehen, was mit Hilfe einer Spicknadel geschieht. Das Fleisch soll dadurch saftiger werden. Manchmal ist Wild bereits gespickt käuflich.

Sterilisieren Lebensmittel durch Erhitzen ("Einwecken") haltbar machen.

Sud Kochwasser für Fische und Meeresfrüchte, das mit Gewürzen und Kräutern aromatisiert wird.

Suprême Bezeichnung für etwas Hervorragendes; beispielsweise Soße Surprême, eine Geflügelrahmsoße.

T

Tabascosoße Scharfe Soße aus mexikanischen Pfefferschoten, die nur sehr sparsam verwendet werden darf. Fertig im Handel zu haben.

Tafelspitz Gekochtes Rindfleisch aus der Keule, österreichische Spezialität.

Tapioka Speisestärke aus Südamerika, aus der Sago gemacht wird, der als Suppeneinlage und für Süßspeisen zu verwenden ist.

T-Bone-Steak Ochsen-Rippenstück mit T-förmigen Knochen und Filetstück.

Tenderloin-Steak Englische Bezeichnung für Ochsenfilet.

Topfen Bezeichnung für Quark oder Weißkäse, in Österreich und Süddeutschland gebräuchlich.

Tournedos Kleinere Filetsteaks in besonderer Anrichtung.

Tournieren (französisch: abdrehen) Kartoffeln oder Gemüse in eine reizvolle Form schneiden.

Tranchieren Zerschneiden größerer Braten, beispielsweise von Geflügel oder Wild.

Trüffeln In Eichengebieten Südfrankreichs und Italiens unterirdisch wachsender, von Schweinen aufgespürter und ungemein schmackhaft-würziger Pilz, der ebenso selten wie teuer ist.

U

Überbacken Siehe Gratinieren.

V

Vachérin Französische Bezeichnung für eine Nachspeise, auch Käsesorte.

Velouté Helle, legierte Suppe oder entsprechende Soße.

Vinaigrette Salatsoße, die aus Essig, Öl, gehacktem hartgekochtem Ei und Kräutern besteht.

Vol-au-Vent Französische Bezeichnung für eine große Blätterteigpastete, die mit Fleisch gefüllt ist.

W

Wasserbad, Kochmethode Der eigentliche Kochtopf hängt dabei in einem Wasser gefüllten Topf. Nur das Wasser im äußeren Topf wird erhitzt. Geeignet für die Herstellung bestimmter Süßspeisen, Soßen und von Eierstich. Gastronomischer Fachausdruck: Bain-Marie. Im Wasserbad werden auch empfindliche Speisen erwärmt, ohne dass die Gefahr des Verkochens besteht.

Worcestersauce (englisch) häufig falsch ausgesprochen - richtig: "Wusterschör". Scharfe kalte Soße im Essigcharakter zum Würzen von beispielsweise Ragout fin. Nur sparsam verwenden.

Z

Zabaione italienischer Ausdruck für eine Art Weinschaum.

Ziemer in Süddeutschland übliche Bezeichnung für das Rückenstück von Wild (Reh, Wildschwein).

Quelle http://www.rezeptesammlung.net

 facebook.com/buch.kombuese

 @twitter.com/Buchkombuese

 easysale@web.de

Acili Ezme - Türkische Paste
Adana Kebap
Afrikanische Reissuppe
Arme Ritter
Auberginenpaste
Belugalinsen-Lauch-Salat
Beurre manie, Mehlbutter
Bier Marinade aus Kellerbier
Bitter Liebe
Bouillabaisse
Brauner-Zucker geräuchert
Bretzel-Croutons
Bulgur-Salat
Buttermilch-Suppe mit Gurken
Cacik
Cannabis-Öl
Champignons, karamelisiert
Consommé, klare Suppe
Consommé, selbst hergestellt
Dänische Remoulade
Dressing für Kartoffelsalat
Ei zu Gel wandeln
Eisbergsalat, gebraten
Fingertest für Garstufen
Fischstäbchen-Bälle
Funschosa-Glasnudelsalat
Garnelen in Brathering-Marinade
Gefüllte Paprikaschoten
Gefüllte Zwiebel
Glasierte Perlzwiebeln
Glasierter Ziegenkäse
Granatapfel-Tipp
Grüne Tomatensuppe
Grünkohlsuppe
Harter Harzer
Haymakers Punch
Helle Einbrenne
Ingwer-Shot
Kalte Tomatensuppe
Kartoffelsalat, warm
Kohlrabi, selbst eingelegt
Königsberger-Klopse
Kränkoch
Kräuter der Provence

Meerrettich-Orangen-Sauce
Meerrettich-Suppe
Melone im Sarrano-Mantel
Melonen-Curry
Mercimek Çorbası
Messerkunde
Miesmuschelsuppe
Mojo Verde / Mojo rojo
Mousse au citron
Mozzarella-Bällchen, frittiert
Must Have der Flüssigkeiten
Nan-Streifen zum Dippen
Nudelwurst für Kinder-Partys
Ochsenschwanzsuppe
Om Rita Paste
Orangen-Salat
Papas Arrugadas- Schrumpf-Kartoffeln
Paprika, gebrannt
Pignata aus Matera
Polenta, Tessiner Art mit Tee
Polnische kalte Gurkensuppe
Queller, pickelt
Radieschen Gemüse
Rinderfilet Strinberg
Risotto
Rückwärts gegartes Filet
Saltimbocca Alla Romana
Scampi auf Rosmarin
Scampi oder Garnele
Schafskäse, gebacken
Schnelle Fischsuppe
Schweinebacke, geschmort
Schweizer Wurstsalat
Senf-Zwiebel-Kräuterkruste
Steckrüben-Suppe
Tapinade
Tom Kha Gai
Tomatenketchup mit Curry
Tomaten-Mozzarella
Tomaten-Mozzarella
Trockentomaten herstellen
Vietnamesische Nudelsuppe
Vinaigrette u. Gutschein vomFass
Vinaigrette, klassisch

Aglio Olio Peperoncino
Aiolix von Peter
Amerikanischer Krautsalat
Amuse Gueule Varianten
Arroz Brut
Balsamico-Kaviar
Bärlauchsalz, fermentiert
Blaue Zipfel
Bolo
Borettane Zwiebeln
Bruschetta
Büffelmozzarella mit mar. Rote Beete
Burger
Caesar-Salat-Dressing
Carpaccio vom Rind
Cataplana
Ceviche
Chinesischer Krautsalat
Chinesischer Rettichsalat
1 € China Suppe zum Hautgericht
Cullen Skink
Currypulver
Dashi-Suppe
Dim Sum
Eierstich
Eingelegter Camembert
Fenchel-Birnen-Salat
Fenchel-Orangen-Salat
Fermentierter Pfeffer
Frittata
Frühlingsrolle
Glasnudelsalat
Grüne-Soße
Gyrossuppe
Hamburger A(a)l-Suppe
Harzer Käse-Salat
Honig-Ingwer
Juice Dänemark
Kaffee-Öl
Kapern, fermentiert
Kartoffelbrei (Erdäpfelkäs)
Kartoffeln in Salzkruste
Käse, selbst hergestellt

Ochsenherztomaten, geschmort
Ofentomaten a la caprese
Oktopussalat
Olivenbrötchen
Oma Rita-Paste
Onsen Ei-Das perfekte Ei
Papadam-Kräuterkruste
Papadams
Parmesancreme
Pastinaken-Chips
Pekingsuppe

Pesto mit Rucola
Pesto Rosse, klassisch
Petersilienöl
Petersilien-Öl
Petersiliensalat
Piccalilly
Pimientos de Padron
Pochiertes Ei
Pyrogen
Radieschensalat
Rohe Roulade
Rosmarin-Asche, geräuchert
Rote Beete-Salat
Rote-Linsen-Salat
Rotwein-Champignons
Rouille
Saganaki
Salz-Zitrone
Sauerkraut-Schinken-Salat
Sauerkrautsuppe, püriert
Saure Eier
Schafskäse, gebacken
Schafskäse-Kuddel aus dem Ofen
Schalottencreme
Schilcherkraut
Schmorgurken
Selleriepüree von Frank Rosin
Senf-Kaviar
Senf-Kaviar
Senfsoße für Pannfisch
Sherry spicy
Soljanka

Käse-Lauch-Hack-Suppe
Knoblauchsuppe
Knusperbrot
Koriander-Knoblauch-Dipp
Krabbencocktail
Kräuterbutter
Lachsstückchen in warem Öl
Leberspätzlesuppe
Linsensalat mit Kräuterdressing
Meine Pfeffer-Mischung
Metaxasoße
Mexikaner
Möhren im Mantel
Möhrensalat, fruchtig
Nuss-Butter
Obazda

Sonnenblumenkerne, geröstet
Spargel im saftigen-Beutel
Spargelsalat
Spagetti-Carbonara
Steinlaus
Stifado
Tafelspitz mit Meerrettich
Tatar vom Charolais
Vitello Tonnato
Wein Gelee
Weißwurst-Carpaccio
Wirsing mit Hack geschichtet
Wurstsalat
Würzfleisch, original
Zwiebelmarmelade

Abkürzungen

TL Teelöffel (5 ml)

EL Esslöffel (25 ml)

ml Milliliter

L Liter

g Gramm

kg Kilogramm

cm Zentimeter

Quell Nachweis

rezeptesammlung.net

vomfass.com

bitterliebe.com

Fotolia / stock adobe

Wikipedia

Gewuerzland.de

Wenn mein Schatz sich mit der Vespa verabschiedet um auf den Wochenmarkt zu fahren, denke ich schon an die Genüsse, die mich am Abend erwarten werden. Meist ist es dann auch so. Während andere Männer vielleicht 5 Stunden zum Angeln gehen, verkriecht mein „Meisterkoch" sich in unserer Küche und fängt an zu schnippeln.

Leider muss in der Regel danach die Küche kernsaniert werden.

Die Krönung seiner jahrelangen Rezeptjagt, wie ich es immer beschreibe, sind sicherlich die beiden Bücher. Wie oft zuckt er zusammen, um eine Idee aus dem Fernsehen oder im Restaurant direkt aufzuschreiben. Wer geht schon ständig mit einem Rezeptblock zum Essen.

Ich hoffe, dass viele sich für die Bücher entscheiden werden und recht viel Freude beim Nachkochen erfahren.

Deine Ulrike

So, mein zweites Buch ist fertig. Ich bin doch ein wenig stolz auf meine Arbeit an den Büchern und darauf, dass ich immer wieder so viel Geschmack entwickeln kann; dabei bin ich kein Koch.

Die letzten 12 Monate, in denen ich coronabedingt massiv an den Büchern schreiben konnte, haben unsagbar viel Spaß bereitet. Schließlich habe ich nicht nur jedes Gericht gekocht und genossen. Ich habe auch auf der „Geschmackssuche" sehr nette Personen kennengelernt, die mich auch sponsern und ihre Rezepte verraten haben.

Ein kleiner Dank an Peter Olbrich. Er hat sich in der Freizeit die Mühe gemacht und beide Bücher als Lektor & Freund gelesen.

Natürlich geht das positive Feedback der Leser runter wie Olivenöl.

Das soll es gewesen sein. In Hamburg sagt Christian Tschüss.

„Dat was en lang Klönsnack."

Jetzt ist ENDE